元専業主婦・現ユーチューバー

64歳、やめて捨てたら

手に入った、幸せな暮らし

JN198825

はじめに

初めまして。64歳のユーチューバー、ライフと申します。

この名前は、チャンネル視聴者の方々が親しみを込めて呼び始めてくださったもの。うれしくて、自ら名乗るようになりました。

出産して以来、私は専業主婦として家族を最優先する生活を送ってきました。これまでの人生に悔いはなく、充実感も得ていた……、はずなのに、60歳を迎える直前、私は突然の絶望感に襲われたのです。当時の私はきっと、この世の終わりみたいな顔をしていたはず。

それくらい、年を取ることが嫌でした。

コツコツとなにかを勉強したり、続けることが得意な私の性格を見越して、「お母さん、ＹｏｕＴｕｂｅ始めてみたら？」と、アドバイスをしてくれたのです。


今まで見るだけだったＹｏｕＴｕｂｅを私がつくる⁉

最初はとまどいました。動画作成の知識なんてないし、そもそも動画を通じて、見ている人になにを伝えていいのかもわからない。

でもそのときパッと頭に浮かんだのが、とあるＶｌｏｇ系のＹｏｕＴｕｂｅ動画。叙情的で美しいそのチャンネルの動画が好きで、よく見ていたのです。


「あんな動画をつくってみたい」という一念だけで、私はＹｏｕＴｕｂｅチャンネルを開設。『60歳からの幸せライフ』と名づけました。

そこが私の、人生の転機でした。

日に日に低下する気力や体力、衰えていく容姿に、気持ちがついていけず、そんな自分に落ち込むばかり。当時の私を思い返して、娘にかけられた言葉があります。

「あの頃のお母さん、灰色だったよ」

なにをする気にもなれず、「もう、どうでもいいや」とさえ思っていた私からは、負のオーラがにじみ出ていたのでしょう。娘の目から見て、灰色の空気をまとっているように見えても不思議はありません。

娘は、「60歳って、こんなふうになっちゃうんだと思った」とも。まだ30代の彼女に、年を重ねることへのマイナスなイメージを与えたことを申し訳なく思いもしましたが、当時はそんなことにまで考えが及ぶほどの余裕はなく、ただただ絶望するだけの毎日でした。

そんな私が変わるきっかけを与えてくれたのもまた、娘でした。

動画づくりに夢中になるうちに、毎日にどんどんはり合いが出てきました。気持ちがワクワクして、次々とやりたいことも浮かんできます。そんな私を見て、娘が「お母さん、きれいだね」と言ってくれたこともあったのです。

そんなうれしい連鎖が続くうちに、ずっと見ないふりをしていた自分自身に、目が向くようになりました。

家庭を第一に考えるなかで、いつの間にかあと回しにしていた自分のことをしっかり考えてみよう。

ないがしろにしていた自分を、ちゃんと大切にしてあげよう。

自分に目を向けてみると、たくさんの新しい発見がありました。

本当はどんな暮らしがしたかったんだっけ？　なんで自分に自信がもてなくなっていたのだっけ……。

心の中にあるひとつひとつの問題に向き合う作業は、いつの間にかため込んでいた、いらないものを手放す作業であり、自分にとっての幸せや楽しみを見つける作業でもありました。

長年の思い込みや社会からのすり込み。友人関係、服や家具などの身の回りのもの……。それらとともに手放すことができた、いちばん大きなものは、年を取ることへの不安でした。

なりたい自分像が明確になったことで、本当に必要なものはそれほど多くはないのだということ。そして幸せは自分のなかにあるのだと気づくことができました。

この本では、小さな挑戦をきっかけに、あれこれ悩みながら自分にとっていらないものに気づき、手放していった日々をお話ししていきます。

・新しいことに挑戦したいけど、勇気が出ない
・年を取るのが怖い
・今までの人間関係に少し疲れた
・身の回りのものが手放せない

もしあなた自身に、これらのことに対するモヤモヤした気持ちがあるのなら、私の経験談がお役に立てるかもしれません。

こんな考え方もあるのね。ささいなことを変えるだけでいいんだね。

私のたわいのないおしゃべりが、この本を読んでくださる方の背中を押すヒントになれたらと、心から願っています。

もくじ

Part2

友人関係も60代からはコンパクトに

Part3

おしゃれの引き算、やっとできるようになりました

Part4

やめたら心が安定したこと

Part5

健康は最重要課題

Part6

不安を捨てて、できることだけ、お金のこと

Part7
いつお迎えが来てもいいよう、毎日、前向きでいたいから

Part1

憧れていた「すっきり暮らし」、60代で始めました

ものにあふれた生活は「しょうがない」とずっと思っていた

「おやつを食べるのと部屋の片づけをするの、どっちが好き？」

今なら迷わず「おやつ！」と答えますが、子どもの頃の私は喜々として部屋の片づけを選ぶようなタイプでした。

部屋をぐるりと見回しては、使っていないものを捨てたり、小物にホコリがつかないように収納場所を考えたり。暇があればいつもそんなことをしていたから、結婚を機に家を出るまで、自室は常にすっきり片づいている状態。ムダなもののない自分の部屋を、居心地よく感じていました。

ところが結婚して子どもが生まれ、学校に通うようになると状況が一変。子どもたちは自室よりもリビングにいることが好きだったので、学校関係のものや遊び道具などがリビングに山積みに。そこに飼っていた猫のグッズまで加わり、ものであふれた状態になってしまったのです。

夜、寝る前に片づけても、翌朝、子どもたちが起きてくれば、あっという間に元のカオスなリビングに逆戻り。これはもともと整理整頓好きな私にとって、かなり頭が痛い状況でした。けれども、そもそも子どもたちにリビングで勉強したり、遊んだりしてほしいと望んだのは私と夫。そのために子ども部屋を小さくしたのですから、イライラするのはお門違いもいいところですよね。

となると、私にできるのは、「子どもが小さいんだから、しょうがない！」と自分に言い聞かせることだけ。

心の片隅に「いつかきれいに片づけるぞ……！」という希望の火を灯しながらも、ものであふれた部屋での暮らしが、この後15年ほど続きました。

子育て終了の寂しさを経て踏み出した理想の暮らしへの第一歩

娘と息子が結婚や就職を機に家を出たのは、私が50代になった頃。

子どもの成長の過程で、いらなくなったものはその都度手放していましたが、まだまだ家の中はものでいっぱい。子育て中、あれだけ「子どもたちが巣立ったら、家じゅうすっきりさせるぞ！」と意気込んでいたのに、いざ子どもたちが家を出てしまうとダメですね。巷でよく聞く〝空の巣症候群〟なんて、自分には無関係だと思っていたのに、なんとも言えない寂しさに襲われて。夫婦ふたりの生活が始まって数か月間は、子どもたちの小さい頃を思い出しては涙ぐむような生活が続いていました。

そんな気持ちのなか、ある日たまたま目にしたのが、暮らし系のＹｏｕＴｕｂｅ動画。その方のすっきりとした暮らしぶりを見ているうちに、自分はこういう暮らしがしたかったんだという思いがむくむくとよみがえってきて。「子育てにひと区切りがついた今こそ、片づけのチャンス！」と、気持ちが前向きに変わったのです。

そこでまず手放したのは、自分と子どもたちの服。

服を１枚捨てるたび、これまで服がぎゅうぎゅうに詰まっていたクローゼットや洋服ダンスに、次々と空間が生まれていきます。その空間を見るたびに得られる、爽快感といったら！

それは視覚的なストレスが減るからなのか、ものへの執着心がなくなるからなのか。

気持ちがどんどん晴れやかになり、心も体も軽くなっていくような、あのとき感じた不思議な気持よさは、今もはっきりと覚えています。

いいお皿だけ残したら、いつもの料理も見栄えよく

子どもたちの独立を機に踏み出した、〝理想のすっきり暮らし〟への第一歩。洋服を手始めに、使っていない調理道具、生活雑貨なども徐々に手放していきました。

すでに家を出てしまった子どもたちのものに関しては、家に帰ってくるたびに、「これはいる？　いらない？」とひとつひとつ確認。あとで「なんで捨てちゃったの⁉」と言われないための対策です。

（上）義母から受け継いだ食器たち。毎日の食事に大活躍です。（下）普段使いの食器は、自分が使っていて心地いいものだけを残しました

いつもの朝食メニュー。つくりおきの副菜も、小鉢に盛るとちょっと特別な雰囲気に

こうして順調にものが減り続けていったわが家ですが、なかなか手放せなかったものがありました。それは食器。

私自身、過去に大病を患ったことがあるため、子どもたちの健康にはなにより気を配ってきました。その主軸となっていたのが、食事です。だから自分でも気がつかないうちに、食器には特別な思い入れを持っていたんでしょうね。捨てようと思って子どもたちが使っていた食器を手に取ってはあれこれ思い出してしまい、結局また食器棚に戻す、ということをくり返していたんです。

そんなときに義母が亡くなり、実家じまいをすることに。義母はとてもセンスのいい人で、若い頃から骨董品などを買い集めていたそう。そんな義母の食器を受け継ぐことになったのですが、わが家の食器棚はすでに定員オーバー。そこでえいやっと、赤ちゃんのときに使っていたプラスチックの食器やカトラリーなど、子どもたちの食器を処分。一瞬、「子どもたちが泊まりに来たとき用にとっておく⁉」とも思ったけれど、結婚してそれぞれの家庭を築いている今、泊まりがけで遊びに来ることはほとんどありません。もし来たときには、お客様用の食器を使えばいいやと、やっと踏んぎりをつけることができました。

そのほかの食器も、重いものや柄が気に入らないもの、使い勝手が悪いものは手放しました。結婚式の引き出物でいただいた食器は、未使用で箱に入ったままのものはリサイクルショップへ。二束三文にしかなりませんでしたが、人にいただいたものを手放すときって、自分が買ったものを捨てるときよりも罪悪感を覚えませんか？　価格うんぬんよりも、リサイクルショップに引き取ってもらうことで、罪悪感を多少減らすことができてよかったなと思っています。

今、わが家の食器棚にあるのは、お気に入りの食器だけ。食事のたびに「どれに盛ろうかな」と考えるのも楽しいし、食べていても気持ちがいい。

食器が好きでいろいろ集めてきましたが、義母から受け継いだ食器は自分では買わないような色や柄のものが多くて。なにを盛ってもさまになり、器のもつ力を感じます。

なんでもない料理もおいしそうに見せてくれるから、調理も盛りつけもうんとラクになりました。義母への感謝の気持ちを胸に、食卓につく毎日です。

少ないもので暮らしたら、家事がラクに、楽しくなってきた

服や食器を手放し、ものが少なくなるにつれて感じるようになったのは、「ものがなくても困らないんだな」ということです。

「いつか使うかも」というものを実際に使う機会って、じつはほとんどないんですよね。手放して後悔したものもあったかもしれないけれど、それさえ記憶に残らないほど、少ないもので暮らす今の生活にメリットを感じています。

手放す基準は、とてもシンプル。今の自分にとって必要なものは？　心地いいものは？　そう自分に問いかけ、もし迷ったらしばらく「保留箱」に入れて放置。やっぱり使わないよね、と納得できたら手放します。

(上) 一日1回行うリセット掃除も、ものが少ないからとてもラク。(下) 印象が一変した洗面所と玄関。毎日使うスペースが快適だと、こんなにも気持ちが明るくなるのだと実感しています

そうやっていろいろなものを手放すうちに、「あれ？　家具にもいらないものがあるんじゃない？」と思うようになってきて。当たり前のようにそこにあるけれど、じつは使いづらく感じていたもの、なくてもいいものが、どんどん目につくようになってきたのです。

たとえば靴箱。玄関は家の顔だというのに、わが家は玄関を入ってまず目につくのが靴箱というのが、ずっと気になっていて。長年目をつぶってきましたが、子どもの独立をきっかけに、夫の手を借りて靴箱を撤去。廊下にある、あいていた収納スペースをシューズクローゼットとして使うことにしたのです。

外から玄関に上がって5歩のところにある、新たなシューズクローゼット。毎回靴をしまうのはちょっと面倒かなとも思ったのですが、実際に使ってみたら問題なし。洗面所に向かう動線上にあるため、手間なく収納できています。

なによりうれしいのは、玄関が一気に開放的なスペースになったことです。絵や花を飾る楽しみも生まれ、殺風景だった玄関が明るく生まれ変わりました。

次に処分したのが、洗面所のキャビネットです。収納棚のついたごく一般的なキャビネットでしたが、棚がオープンで中のものが丸見えになってしまうのが嫌だなとずっと思っていたんです。夫にそんな話をちらっとしたところ、DIY好きの彼から「これ、取り外せるよ」のひと言が。子どもも独立して、それほど収納するものもなくなっていたので、収納棚を撤去してニトリの棚板と鏡を設置することに。収納場所は洗面ボウル下のみとなりましたが、収納スペースが減ったことで余計なものを置かなくなり、すっきりした状態を保てるようになりました。じつはこのあと、夫の提案で浴室のキャビネットも取り外したんですよ。

いくつかの大型の家具を手放して、劇的にラクになったのは掃除です。まずホコリがたまらないし、洗面所や浴室はカビの予防にもなります。

家具による圧迫感が減ったことで、空間が広く、開放的になったことも大きなメリット。これまで、〝ただの生活の場〟だったスペースが、心地いい空間に生まれ変わり、暮らしの質が上がったような気がしています。

ものが減って、迷子がゼロに。探し物がなくなった

家じゅうにものがあふれていたとき、一日のなかで探し物にどれだけ時間を費やしていたことか。

「ものは使う場所にしまうと、いちばん使いやすい」と聞いても、肝心の収納場所があいていないのですからどうしようもありません。迷子の本や調理器具などを探してもなかなか見つからず、ストレスを感じる日々を送っていました。

そんなストレスの多い毎日とサヨナラできたのも、ものを手放したおかげ。物量が減り、収納スペースに余裕が生まれたことで、「使う場所に置く」ことが可能になったのです。

いざ実践してみると、これが本当に使いやすい。使いたいときに使いたいものがサッと取り出せるからノーストレスだし、探し物をするムダな時間が省ける分、時間の余裕も生まれます。また、ものの定位置が自然と決まるため、迷子の発生件数もほぼゼロに。食品や洗剤などの重複買いも防げて、ムダ遣いの防止にもなっている気がします。

年を重ねるにつれ、記憶力や体力の低下により、ものの管理が難しくなってくるといいます。1歳でも若いうちに、自分にとってストレスのない収納方法を見つけることは、老後の備えのひとつとして、とても大切なことなのではないでしょうか。

部屋を「すっきり見せて居心地よく」するためのいくつかの工夫

私にとって、居心地のいい空間は？　あらためて考えてみたとき、思い浮かんだのは、やっぱり「すっきり」というキーワード。

だけど、ものが少なければすっきり見えるのか、というと、そういうわけでもないんですよね。自分の経験から、ポイントは「情報量」なのかなと思っています。部屋の中で大きな面積を占めるテーブルやソファの上には、なにも置かない。レースのカーテンはつけない。壁に絵を飾るなら抽象的なものにする。カーテンは無地のものを選ぶ、ラグは敷かないなど、目に入る情報量を少しでも少なくする工夫をしています。

とくに気をつけているのが、「文字」。洗剤や調味料など、文字が書かれたものが部屋にあると、それだけで空間が騒がしく感じませんか？　圧が強いというのかな。パッケージに書かれた文字などは、目を引くことを目的としているものだからそれが正解なのだと思うけど、インテリア的には雑音になってしまうというか。

調味料や洗剤のパッケージをわざわざはがして、別の容器に入れ替えて、ということは面倒なのでしませんが、リビングから見えるところには置かない、どうしても置く必要があるなら、裏返しにして文字が見えないようにするなど気をつけています。

文字を避ける習慣が染みついていたからか、リビングの時計を買い替えるときには、無意識のうちに文字盤のないものを選んでいました。時間は大まかにしかわかりませんが、すっきり見えには大貢献。お気に入りの一品です。

私が一日の大部分を過ごすリビングの全景。壁の塗り替えや、床板の張り替えなどを夫がしてくれていて、年々すっきり感がアップしています

(上)文字盤のない壁かけ時計で、すっきり効果を。(上左)カーテンレールは天井に設置すると、部屋に高さと開放感が生まれると聞いて実践。(下)テレビは低い位置に置き、圧迫感を削減

50代での義実家の片づけが、すっきり暮らしへのモチベーション

わが家に隣接して建つ、義理の両親の家。義父が施設に入ったあと、義母は一人暮らしをしていましたが、その義母が亡くなり、初めて寝室に足を踏み入れたときには驚きのあまり声が出ませんでした。

視界に飛び込んできたのは、服や本、雑貨が積み上がってできた山、山、山……。よくよく見れば、山に囲まれるようにして生活スペースがあいており、そこで義母が暮らしていたことがわかりました。存命中の義母の言葉の端々からは、戦前、戦中、戦後の厳しい時代を生きてきた昭和ひとケタ世代の〝もったいない精神〟が感じられていたものの、まさかここまでとは……。

夫と2人、しばらくあぜんとしていましたが、ここを片づけるのは私と夫しかいません。意を決して山をひとつひとつ崩していくと、出てきたのは義母が新婚旅行で使った革ばりのトランクや、義父が士官学校時代に使っていた専門書など、使いようのないものばかり。結局、義母がいつも大切に使っていた食器類のみを譲り受けることにして、そのほかはすべて廃棄するしかありませんでした。それらをすべて精査してゴミ袋に入れるだけでも、1か月ほどかかったでしょうか。

私が今、すっきり暮らしたいと意識しているのは、この経験が大きな影響を与えていることは間違いないと感じています。こんな大変なこと、娘には絶対させたくないと思うから。

この世を去ったあと、だれにも迷惑はかけないように。少なくとも、娘や息子に、「お母さん、なんでこんなものとっておいたの?」と言われないように。そんな気持ちが、ものを手放す私のモチベーションになっています。

思い出アイテムは最小限。未来のお楽しみグッズは最大限

これまでに手放したもののなかで、なかなか捨てる決心がつかなかったのは、やっぱり子どもにまつわるもの。娘と息子が小さい頃に書いた絵や作文、読み聞かせした絵本、私や夫あてに書いてくれた手紙など、見るたびに思い出がよみがえってしまい、子どもが家を出たあともしばらくそのままに。

ですが、家の収納スペースは有限。いつまでもとっておくことはできないんですよね。保管するのは2人合わせて段ボール1箱分までと決め、心を鬼にしてセレクト。スペースをとる立体物は写真に残し、おもに絵や作文など平面の作品は現物を残すことにしました。

絵本はいずれ孫にと思っていたけれど、結局読んでくれず……。でもとてもきれいな状態だったので、古本の宅配買取サービスに出すことにしました。本は重いので資源ゴミに出すのも大変ですが、買取サービスは家まで引き取りに来てくれるのでラクです。どこかの家で、お子さんが楽しんでくれたらうれしいですね。

友人からの手紙や日記など、自分自身の思い出グッズもなかなか処分できなかったもののひとつ。それほど分量はないのでとっておいてもよかったのだけれど、今年に入ってやっと処分することができました。だって娘や息子からしたら、そんなもの絶対に見たくないじゃないですか。私自身も、子どもたちに若い頃の日記なんて読まれたら、恥ずかしすぎておちおち成仏もできません。

写真も近いうちに整理しようと思っています。私の写真を見て、子どもたちが懐かしむこともそうそうないと思うので、スマートフォンにある写真だけで十分な気がしています。

手放したいものだけでなく、逆に未来の自分のために残したいもの、投資したいものもあります。それは70歳、80歳になったときの私を支えてくれるもの。まず、YouTube動画をつくるための必需品、スマートフォン。私は動画をつくることが純粋に好きだし、楽しくて仕方がないんです。この思いはきっと未来も変わらないと思うから、動画を撮影するための機材は充実させていきたいと思っています。

そして本。私は19歳で大病を患ったのですが、そのとき支えになったのが本に書かれた言葉でした。人間が一生のうちに経験できることは限りがありますが、本を読めばさまざまな人の経験や思考を共有することができます。それが血となり、肉となり、私の軸になっている。

落ち込んだときも、そうでないときも、本は私が欲しい言葉をくれるいちばんの友達です。きっとこれからも私を支えてくれるものだから、いくら収納スペースを占領しても、手元にずっと残しておこうと思っています。

家事も減らせた、すっきりルール5

体力や気力の衰えを感じ始める50、60代は、家事の見直しどきなのかなと感じています。

いつも家をきれいに保ちたいと思っていても、若い頃のように家事をこなすことは難しく、負担に感じることもどんどん増えてきています。そこで、できるだけ家事の手間や時間、労力を手放せる方法はないかなと思い、試行錯誤の末に見つけたのが「5つのルール」。

この5つの方法を実践するようになり、家事はグンとラクに、短時間で済むようになりました。また自分の時間も増え、ゆとりのある生活が送れています。

Rule 1

朝、テーブルにものがない状態に

朝は、YouTube用の動画を撮影する大切な時間。すぐに作業を始めたいから、テーブルの上にものがない状態にしておくことは、効率化のために欠かせないポイントです。

だから夜寝る前に、テーブルの上にあるものを片づけてリセットするのがルーティン。

面積の広いテーブルの上が片づいていると、部屋全体がすっきりして見えるという効果も。

Rule 2 細かいものは棚の中へ

散らかりがちな細かいものは、カゴや箱にまとめて入れ、扉のある棚へ。お菓子やお茶など、同じカテゴリーごとにまとめておくと、あちこち探す手間が省け、すっきり見えもかないます。

Rule 3 レースのカーテンは使わない

カーテンを洗うのは、かなりの重労働。年を取ればなおさらです。わが家は隣家との距離があり、外からの視線を気にする必要がないので、レースのカーテンは使いません。二重窓なので寒さの心配もなく、視覚的にもすっきり。

Rule 4
床にものを置かない

床にものを置かなければ、掃除をするときにいちいち移動させる必要がなく、サッと掃除に取りかかれます。床置きのゴミ箱の数も減らし、キッチンと洗面所の2か所だけに。ゴミの収集作業も簡単です。

Rule 5
掃除はロボットにお任せ

ロボット掃除機を使うことで手放せるのは、掃除機をかける手間だけはありません。掃除機をクローゼットから取り出し、しゃがんでコンセントに差す、という作業もいらなくなるため、体への負担も大幅に減少します。

ライフさんの24時間 午前編

〝やりたいこと〟を中心に、体調を気遣いながら日々を送るライフさん。その暮らしぶりは？

Good morning!

6:30

目覚まし時計で起きる

布団の上で、深い呼吸をくり返しながらストレッチ。このとき、YouTubeのアイディアがひらめくことが多いんです

7:00

白湯を飲み、家事開始

胃腸が弱いので、朝は白湯のみ。体が温まります。掃除、昼ごはんの下準備もここで済ませます。洗濯は、夫婦2人分なので2日に1回で十分

9:50-10:00

朝のラジオ体操

ラジオ体操を第1から第3まで真剣に行います。汗ばむほどのけっこうな運動量です

10:00-10:30

「お茶の時間」を撮影

甘いものを食べながらお茶を飲み、YouTube用に撮影

10:30-11:50

YouTubeの編集を昼食直前まで行う

普段撮りためているYouTube用の動画の編集をしたり、動画内で流す文章を考えたりしていると、時間が過ぎるのがあっという間。楽しいひとときです

11:50-12:00

朝、下準備しておいた昼食を仕上げる

仕上げだけなので、10分で食事の用意は完了。夫が起きてくる時間に合わせて用意します

12:00

夫起床。リビングで一緒に昼食

夫とは生活サイクルが異なるのですが、食事だけは毎日一緒に。日中はほとんど顔を合わせない分、お互いの近況や興味のあることなど、話題が尽きません

午後編はP.70〜

Column
no.1

夫婦いつでも一緒、やめました

７年前、夫が会社員をやめたとき、２人で話し合ったんです。「これからどうする?」って。私は子育てが終わったら自分の時間が欲しかったし、ずっと一緒にいないほうがいい関係でいられると思っていたから、そう夫に伝えました。すると夫も「そうだね」と。以来、私も夫も毎日それぞれ自由に過ごしています。お互い好きなことができているから、相手に気を使わなくていいし、不満も生まれません。一日のうちで顔を合わせるのは食事の時間だけですが、そこでの会話がじつはとても楽しくて。一緒にいないからこそ、いつも会話が新鮮で、相手に対して興味も生まれる。今の距離感が私たちにはちょうどいいんじゃないかなと思っています。

◉ 夫の一日の行動と妻への思いは……

「僕は夜型人間なので、起きるのは昼。起きて妻と食事をしたら、スポーツジムに出かけます。そうじゃないときは自室で趣味の楽器を触ったり、DIYをしたり。ときどき妻と話したいなと思ってリビングをのぞくこともあるんだけど、だいたい動画の編集中。じゃましないように、そっと自室にUターンします。夕食後の片づけは僕の担当です。換気扇から排水口の中まで徹底的にやるので、ピカピカですよ。その後、ひと眠りして、22時頃から趣味の時間を楽しみ、朝6時に就寝です。日頃心がけているのは、妻のやりたいことをじゃましないこと。これまで妻が家庭を守ってくれたおかげで、僕は仕事に専念できたんです。ありがたい気持ちと申し訳ない気持ちがずっとあったから、今度は妻に好きなことをしてもらえたらと。好きなことに熱中して、自分の世界をどんどん広げている妻のことを尊敬しています。生き生きしている姿も、魅力的だなと思いますね」

Part2

友人関係も60代からはコンパクトに

子どもたちが巣立って、昔のママ友とは疎遠に

私には、友達があまりいません。

若い頃は、学生時代の友人などとにぎやかに交流していたのですが、結婚や出産といったライフステージの変化ごとにだんだん疎遠に。今、親しくおつき合いしているのは、ほんの数人といったところでしょうか。

子どもを介して知り合ったママ友たちも、関係が続いているのはごくわずか。年齢を重ねるにつれて、子どもの受験や進学、就職先の違いが親同士の関係に影響することは、ままあることだと思います。子どもが恵まれた環境にいる間

は連絡が盛んでも、そうでなくなると疎遠になってしまうこともありました。それが寂しくて、こちらから連絡をするなど、関係を続ける努力をしたことも何度もあります。でも私が連絡をしなくなれば、それで終わり。相手から連絡が来ることはありませんでした。連絡が来ないということは、私の存在はその程度のもの、ということなんですよね。少し時間はかかりましたが、そう割りきれるようになったら気持ちがラクになりました。

友達づき合いは難しいものですね。とくに子どもを介してのつき合いなら、なおさらです。

なにかしらのコミュニティに属しているときには仲よくできるけれど、そこから離れてしまったら、共通の話題もなくなり、互いの違いも目につくようになる。そういったいくつかの変化が、関係の継続を難しくしているような気がします。

今の私にちょうどいい「地域ボランティア」との出会い

若い頃から興味をもっていた自然療法の学校に通ったり、趣味のアクセサリーづくりを楽しんだりと、友達は少ないながらも充実した毎日を過ごしていた50代。子育ては終わっていましたが、当時はわが家に老猫が5匹いたため、その世話にも追われる毎日でした。

ところが自然療法の学校を卒業してしばらくした頃、夫との会話中にハッとしたんです。自分の会話の登場人物が、身内しかいないって。

ちょっと前なら、「PTA時代の○○さんがね」などとだれかしらの名前が出ていたのに、今の私の口からは自分や子どもたちの話題しか出てこない。

掃除ではいつものワンピースを脱ぎ、動きやすい服で。仲間とのおしゃべりも楽しみのひとつ

「私の世界って、なんて狭いんだろう」

同時に込み上げてきたのは、今の状況に納得できないという思い。この先もこのままでいいわけがない、家族以外との人間関係をもちたいと、切実に感じたのです。

そんなある日、窓の外からガサガサという音が。窓から眺めると、すぐ裏の公園で、落ち葉を集めたり、雑草を抜いたりしている数人の女性たちの姿が見えました。

次の瞬間、私は靴を履いて公園に向かって走っていました。そして、公園の入り口に立ち、大声で叫んでいたのです。「私も一緒にお掃除させてもらいたいんですけど、いいですか？」と。

掃除をしていたのは、地域ボランティアの皆さん。そのなかに、偶然にも昔親しくしていたママ友の姿があり、彼女のおかげもあって、なんとその場で入会が決まりました。

地域ボランティアの活動は、月に数回ほど。メンバーは、同じ地域に住んでいるものの、顔も名前も知らない方ばかりでした。それでも会うたびに打ちとけてきて、たわいのないおしゃべりをしたり、「あそこのコーヒー屋さん、おいしいよ」などと、情報交換をしたり。

驚いたのは、だれも人と比べようとしないことです。これまで属していたどのコミュニティでも、必ず他人と自分の優劣を意識する人がいたので、これにはびっくりしました。皆同じ地域に住んでいますから、どんな家に住んでいるかも知っています。だからここでは無理にはり合う必要がないことを、自然に理解しているんでしょうね。

ここではだれもが自分を飾らず、素のまんま。相手を深く詮索することもありません。このほどほどの距離感が今の私にはちょうどよく、とても心地よく感じています。

今は、つかず離れずの関係が心地いい

地域ボランティアに加入して1年ほどたった頃、そのボランティアの会で再会したママ友の紹介で、自治会の活動に参加することになりました。

自治会のおもな仕事は、自治会主催のお祭りやイベントの運営です。そのための会合に月に1回、参加しているのですが、参加するたびに、しみじみ思うんです。「シニア世代ってラクだなぁ」って。

この世代はすでに仕事や会社を定年退職しているため、だれもが職も肩書もないただのおじさん、おばさんです。会社勤めをしていたときであれば、会社の名前や自分の肩書など、さまざまなよろいを身につけていたことでしょう。

私のような専業主婦なら、夫や子どもの会社や学校名を自分のよろいとして装着する場合もあったかもしれない。

だけどシニア世代にもなると、そのよろいがすべて取っ払われてしまうから、素の自分でいるしかないんですよね。すると人として自然とシンプルになるし、だれとでも〝人間対人間〟のおつき合いができるようになる気がします。

自治会の方たちと素の自分で話していると、「年を取ることって、悪くないな」と、うれしい気持ちになることもしばしばです。

友人の少ない私が、今親しくおつき合いしているのは、これらの地域活動で知り合った女性たちです。

年齢はさまざまですが、地域活動に目が向いているという共通点があるからかとても気が合って。だれかしらの家に簡単なおつまみを持ち寄り、女子会気分でおしゃべりを楽しんでいます。

話題は子どものことや、親戚とのおつき合い、家のリフォームのことなど、たわいもないことばかり。なのに彼女たちと話していると楽しいし、また相手も楽しいと言ってくれる。

それって、お互いに「会いたいね」という気持ちがあって初めて生まれる感情なんじゃないかなと思うんです。どちらかの熱量が勝るような、片思いの関係性では生まれないものなのかなって。この年になって、そんな関係が生まれたことを本当にうれしく思っています。


でも親しきなかにも礼儀ありとも思っていて、地域活動でご一緒してる方たちとの会話では、こちらからはプライベートなことに踏み込まないようにしています。腹の底まで見せ合わなければ親しくなれないのかといえば、そんなことはないと思うんです。相手のことを知りすぎて負担に感じる人もいれば、自分のことを話しすぎて後悔する人もいるはずですから。

近すぎず、遠すぎず、相手も自分も気持ちのよい距離感で。それが60代でやっと気づいて身についた、私のルールです。

私が楽しそうに活動している姿に触発されたのか、じつは夫も自治会に加入したんですよ。でも彼は防災、私は企画と担当が異なるので、自治会では「お互い関わらないようにしようね」と、別行動をとるように(笑)。

夫は夫で自治会の方たちと飲み会を開いたり、楽しくやっているようです。彼は仕事人間だったから、会社以外でのおつき合いが広がったことを喜んでいるんじゃないかな。

そんな夫は、現在地域の防災マニュアルづくりに奮闘中。なにごとも徹底してやらないと気が済まない夫のことだから、地域のことを調べ尽くした、完璧なマニュアルが完成するんじゃないかなとひそかに期待しています。

地域活動を始めたことで、狭かった人間関係が広がりました。もう寂しくありません

SNSとのつき合いは程よい距離感で

LINE、Facebook、X（旧Twitter）、Instagram……。いろいろなSNSサービスがありますが、シニア世代ではFacebookやInstagramを利用している人が多い印象です。

私のまわりでもFacebookを利用している人が多いため、友人間の連絡手段として便利だなと思っていました。でもFacebookを見ていると、つい相手と自分を比べてしまったり、長時間だらだらと見続けてしまったり。最近は、自分の心の余裕を大切にするために、少し距離を取るようにしています。

心を乱すようなものは、見ないこと。それが自分の心を守る、いちばんの方

法じゃないかなと思うんです。

ちょっと話はそれますが、最近はニュースサイトに私の記事が転載されることもあるのですが、その記事につくコメントにはかなり辛辣《しんらつ》なものがあるんですね。一度うっかり見てしまって以来、私はそういったものはいっさい見ないようにしているんです。コメントを見た夫と娘からも「見ないほうがいいよ」と言われているので、やっぱり見ないで正解だなと。

自分に必要なものだけを見て、あとはスルーしてOK。そんな力がついたのも、年齢を重ねたおかげなのかもしれませんね。

近所に住む娘には口出しをせず、でも意見は素直に受け入れます

私の親は、「勉強しろ！」と命令するタイプでした。ガミガミ言われるうえ、テストで悪い点を取れば、頭ごなしに叱られたことも。そんな親に対して反抗はしなかったけれど、心の中では「怒られたって命令されたって、できないものはできないのに」と、いつも感じていました。

だから自分が親になったら、絶対に「勉強しなさい」と言わないようにしよう、子どもの自主性に任せようと決めていたんです。

子どもたちは、いつしか「お母さんは勉強しろって言わないけど、できなくて恥をかくのは自分だし」と悟ったのでしょう。進んで勉強するようになり、

進学先もすべて自分で決めていました。

子どもたちが大人になった今でも、彼らがなにをしようと口出しはしません。娘はすぐ近くに住んでいて、ときどき孫を連れて遊びに来るのですが、母親の先輩としてアドバイスしたくなることもぐっとガマン。自分が親にあれこれ口出しされて嫌だったから、聞かれるまではなにも言わないようにしています。

逆に、娘からのアドバイスはどんなことでもウエルカム！　娘は私の好みや性格を熟知していて、ここぞというタイミングで的確なアドバイスをしてくれるので、進んでアドバイスをもらいに行っています。

ＹｏｕＴｕｂｅを始めたのも、普段着にワンピースを着始めたのも、じつは娘のひと言がきっかけ。娘のおかげで私の人生が変わったといっても過言ではないくらい、娘は私にとって頼れる名アドバイザーなんです。

【娘から見たライフさん】
「常になにかに夢中な母、素敵だなと思います」

ＹｏｕＴｕｂｅを始める前、母がガクッと老け込んだことがあったんです。表情も乏しくなって、ちょっと心配になるくらいの老け込みよう。「60歳ってこんな感じなんだ」と驚いたことを覚えています。

すぐに、「ＹｏｕＴｕｂｅをやってみたら？」と、母にすすめました。アクセサリーづくりや自然療法の勉強など、母はいつもなにかに熱中している人。なのに当時はなにもやっていなかったから、それも突然の老け込みぶりに関係しているのかなと思ったんです。ＹｏｕＴｕｂｅをすすめたのは、母がゼロからものをつくり出すことが得意で、きれいなものが好き。おまけに人前に出ることも嫌いじゃない、ということがわかっていたから。

YouTubeを始めた母は、みるみるうちに動画作成にのめり込み、4年たった今も撮り方などをコツコツ研究しています。その姿が楽しそうで、生き生きしていて、とても素敵だなと。娘から見てもきれいになったなと感じるほど、母は変わりましたね。

私の息子が、母の動画のファンなんです。母も、息子が大きくなったときに「おばあちゃん、こんなことしてたんだよ」と伝えられるようにがんばってるとも言っていたので、これからも今のまま、楽しく、自分が好きなことをやり続けてほしいなと思っています。

ライフさんの**24**時間 午後編

午後の活動も、メインとなるのはYouTubeにまつわること。
好きなことだから、毎日でも飽きないのだとか。

P.49からの続き

13:00-15:20

再び動画を撮影、編集

照明機材を持っていないため、太陽光が部屋に入るうちに撮影を終えるのがマイルール。動画の企画に行きづまったら、ラジオ体操をしてリフレッシュ

17:20

夕方のラジオ体操

運動不足と肩こりの解消のために始めたラジオ体操ですが、効果はバツグン。やる気スイッチにもなるようで、気持ちがたるんでいるときにもよくやります

17:30

夕食をつくり始める

健康を考え、蒸す、焼くなど素材の味を重視した調理法が多め

18:00

夫の部屋をノック

自室で過ごしている夫に、「ごはんですよ」の合図を

18:00-19:00

2人で夕食

夫との会話は、それぞれ別に活動している自治会のことや、子どもたちや孫、最近見たYouTube動画のことなどさまざま。食後の片づけは夫の担当です

19:00

夫とバイバイ

私はリビングに残り、夫は片づけ後、自室へ。お互い、再び好きなことをして過ごします

19:00-22:00

リラックスタイム

動画の編集をすることもありますが、ネットフリックスでドラマ観賞をすることが多いですね。子育て中は疲れきっていてゆっくりドラマを見ることもできなかったので、この時間は私にとってごほうびのような時間です

22:00-22:20

入浴

22:20

寝室でストレッチ、体をほぐす

23:00

就寝

スマホは寝室に持ち込まず、リビングで充電しつつ、朝まで待機。睡眠導入剤代わりに本を読むことも

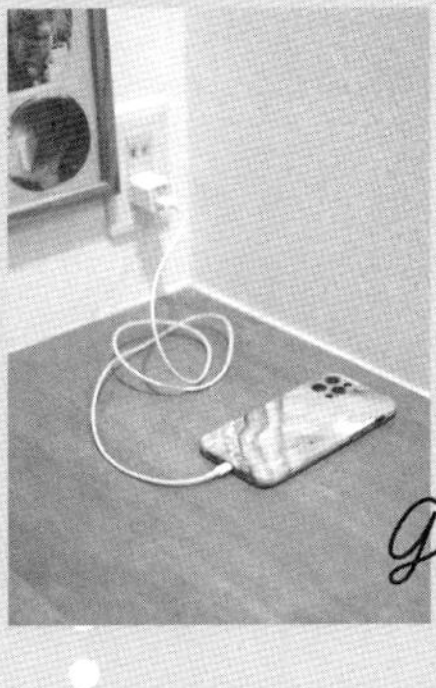

Good night...

Part3

おしゃれの引き算、やっとできるようになりました

50代まで捨てられなかったバブル服とヒール靴

ギチギチに服が詰まっていて、引き出しが閉まらない洋服ダンス。着たい服が取り出せないクローゼット……。かつての私は、収納しきれないほどの洋服を持っていました。

なかには学生時代に着ていたムートンのコートや、バブル期に買った目がチカチカするような色のワンピースなどもありましたが、どれも近年は着ていないものばかり。なのに、「高かったから」「またこういう服が流行って着られるかもしれないから」と、なんだかんだ理由をつけて20年以上もとっておいたのですから、未練たらしいにもほどがありますよね。

流行はくり返すというけれど、再び流行ったとしても微妙にシルエットは異なります。買った当時から体型も変化しているのだから、着られるかどうかも怪しいところです。なにより生地の傷んだ服や、古ぼけた服は老け見えのもと。古い服を着ていいことなんてひとつもないんですよね。

子育てが終わり、時間と心に余裕ができたときにまず手をつけたのが、これらの服の見直しです。今の自分が心地よく着られる服と靴以外は、すべてサヨナラ。数が減ったことで、クローゼットの中の服がすべて可視化でき、服を選ぶ際もスムーズに。衣替えも必要ないので、家事もラクになりました。

46歳 体のラインがきれいに見える服が好きだった40代。スカート丈も短めです

53歳 アニマル柄のファーコートを着ていた50代。大ぶりなアクセサリーもよくつけていました

〝戦闘服〟を脱いでたどりついた「毎日がワンピース」

「子どもが高校を卒業するまで、しっかり見守りたい」という思いが強く、小学校、中学校、高校のPTA活動には積極的に参加していました。

学校に着ていく服は、私にとって〝戦闘服〟。学校の先生やPTA仲間のお母さんたちに対して、臆せず意見を伝えるためのよろいのような存在でした。

それが、娘の助言でワンピースを着るようになると一変。服は、自分の気持ちを上げてくれるものに変化していったんです。そんな私の気持ちがYouTubeの視聴者さんにも伝わり始めたのか、「ワンピースを着始めました！」というコメントが増えていて。輪の広がりを、とてもうれしく思っています。

まとうだけで気持ちが華やぐのがワンピースの力。着ていてラクなのもうれしい

迷った服は、着て半日外出したらすっきり捨てられた

娘の助言でＹｏｕＴｕｂｅの撮影用にワンピースを着始めて以来、今では普段着もワンピース。地域ボランティアで公園の掃除をするときと、旅行に行くときだけはパンツスタイルになりますが、家の中でも外でも基本的にはワンピースオンリーです。

季節ごとに何枚かを着まわしているので、それほど生地が傷むことはないのだけれど、シニアのファッションは清潔感がポイント。毛玉ができていたり、着古した感のある服では、老け込んだ印象を与えてしまう気がするので、月に1～2回ほど、クローゼットの見直しを行っています。

手放す基準は、着ていて心と体が気持ちいいかどうか。

着ていて重く感じたり、気持ちが上がらないものは手放します。でもなかには、判断に迷う服もあるものです。そういう服は、いったんクローゼットの隅に置いた「保留箱」へ入れ、コーディネートを考えるとき、その服に手が伸びないなら手放してOKに。

それでも迷うときは、一度その服を着て外出します。着ていて「恥ずかしいな」「しっくりこないな」と思う服は、手放しても後悔しないはず。

今の気分に合った、心地いい服を着て毎日を過ごしたい私にとって、クローゼットの見直しは欠かせないもの。そういった理由もあって、高価なワンピースは買わないことにしています。貧乏性の私の性格上、高い服を買ってしまうと、いくら着心地が悪くても手放せなくなってしまいますから。

お気に入りワンピース5

肌に優しい綿素材で着心地バツグン

ユニクロとポール&ジョーのコラボワンピースは、約3000円。コットン素材でやわらかく、動きやすいのがお気に入り。明るい花柄に気分も上がります

ワンピース好きになった記念の一枚

ユニクロにて約4000円で購入。色、柄、着心地すべてがお気に入りで、ワンピースのよさを気づかせてくれた一枚。レーヨン素材でシワにならず、肌触りも◎

冬

秋

Ｉラインワンピで スタイルよく

セーターとジャンパードレスがセットになった変わり種ワンピースは、GUで約4000円。ニット素材で暖かく、ストンとしたＩラインで体型カバーもかないます

エレガントな色と シルエットが好み

ハニーズで4000円ほどで購入。とても軽く、やわらかい素材で、着たときのシルエットがエレガント。淡いパープルも、肌をきれいに見せてくれる気がします

レディな雰囲気の ドット柄で秋らしく

こちらはGU。娘が購入し、自分には丈が短いからと譲ってくれたのですが、身長の低い私にはジャストフィット。ドット柄の落ち着いた雰囲気が秋にぴったり

ソフトな素材で、小さな柄。マイルールでプチプラ服が一軍服に

ワンピースを着始めたとき、似合わなかったら嫌だなと思い、娘に「リーズナブルなワンピースは、どこに買いに行けばいい？」と相談したところ、すすめてくれたのがユニクロ、GU、ハニーズの3店。これまで、ユニクロとGUではボトムスやアウター、ハニーズではトップスなどを購入していましたが、ワンピース売り場に足を運んだことはありませんでした。まず着ようと思ったことがなかったし、そういったお店のワンピースは若い人向けというイメージがあったので。

ところが実際に売り場で見てみると「あれ？ 意外と着られるかも？」と思

える服がたくさんあってびっくり。試着すると軽くて着やすくて、低身長の私の体にも合う！　それ以来、ユニクロ、GU、ハニーズのワンピースが、クローゼットを占めるようになっていきました。

ときには失敗もしながら、いろいろなデザインを試したおかげで、自分の体型や顔、肌の色に似合うデザインや色柄があることがわかってきた気がします。

柄は無地より、小花柄など小さな柄が入っているもののほうが地味にならない。私は背が低いから、丈は長くてもくるぶしまで。首元のデザインは抜け感の出るVネック、ハリのある素材だとスカートが広がってしまい、バランスが悪くなるのでソフトな素材のもの、などなど……。

ただし、このマイルールは流動的です。肌や体型は刻々と変化するため、去年似合っていた色や形が今年は似合わない、なんていうこともよくあること。でもガッカリすることはありません。その都度マイルールも更新していけば、そのときどきの自分にしっくりくるおしゃれを楽しめるのではないでしょうか。

イヤリングは必ずつける。趣味も兼ねて手づくりしています

50代で始めたイヤリングづくり。きれいなものが好きで、細かい作業も好きだったから、あっという間にハマってしまって。一時期は、友人たちを相手に、自宅でアクセサリーづくりの教室を開いていたこともあったんですよ。

その頃つくったイヤリングが、今の私のおしゃれの相棒。当時とは髪の長さや服の好みが違うので、全身を鏡で見て、すっきり見える長さに微調整をして使っています。とくにお気に入りなのは、揺れるタイプのイヤリング。顔回りが寂しい印象にならないよう、イヤリングの輝きで華やかさをプラスするのが、私のこだわりといえばこだわりかな？

ぺたんこ靴と軽いバッグで身も心も軽やかに

「ワンピースに合わせる靴はスニーカーでいいんだよ」と娘から聞いたときには、思わず「えーっ!?」。若い頃のままストップしている私のおしゃれ辞書には、そんな組み合わせは載ってない!

だから最初にワンピースにスニーカーを合わせて外出したときは、恐る恐る……という感じだったんです。でもまわりを見れば、スニーカー合わせの人があちこちにいるではありませんか。しかも履いてみれば、ものすご〜くラク。まさにそのときが、時代遅れのおしゃれの思い込みを手放せた瞬間でした。

すっかりスニーカー派になった私ですが、最近フラットシューズもワードローブに仲間入り。それはGUのもので、ラクなうえに足もきれいに見えるから、ついそればかり履いてしまいます。ヒールは足腰がつらくてもう履けない、でも食事に行くときに履く靴がない、という悩みを解決してくれた一足です。

バッグも、重いものや使い勝手の悪いものは手放しました。レギュラーで活躍しているのは、次のページで紹介しているものと、ユニクロのナイロン製のショルダーバッグの5つです。なかなか手放せなかったブランドものの革のバッグは、娘が引き取ってくれました。娘のもとで、活躍の機会があることを願って……。

バッグを選ぶ基準は、もちろん軽さと使いやすさが最優先。ただし、私の服装は365日ほぼワンピース。バッグもワンピースに合わせることが大前提なので、少し光沢感がある生地など、カジュアルすぎないものを選んでいます。

身につけるものが軽いと、フットワークも軽くなるような気がするんです。バッグと靴の助けを借りて、身も心も軽やかでいたいものですね。

軽さもおしゃれのうち!

お気に入りコーディネート

夏

バッグは10年ほど前から愛用しているノーブランド品。靴は春と同じです。すっきりとしたネイビーのワンピースは、エレガントな雰囲気にひと目ぼれ。試着後、迷わず即買いしました

春

ワンピースはハニーズ、靴はGU、カーディガンはユニクロ。バッグは娘から母の日にプレゼントされたものです。春のイメージで、全身を淡い色のアイテムで揃え、濃い色のバッグをアクセントに

冬

もこもこしたコートなので、Iラインのワンピースですっきり見えるように。ニットワンピースとブーツはGU、コートとマフラーはユニクロ。バッグはgroveです。帽子は3コインズで880円で購入

秋

素材がやわらかく、動きやすいハニーズのワンピースは旅行のお供ナンバーワン。靴はGU。マリークワントのきれいめバッグは、じつは雑誌の付録。このバッグ欲しさに、雑誌を購入しました

バッグは軽さ優先でプチプラ。でも財布は少しいいものを

バッグはプチプラが多い私ですが、財布は唯一、「ちょっといいもの持ちたいな」と思うアイテムです。

財布は洋服のように流行りすたりがなく、上質なものを選べば長く使うことができる、というのが理由その1。自分に自信がもてる、が理由その2。でも最大の理由は、持っているだけで気分が上がるということ。

スーパーに買い物に行くときに持つ普段使いのお財布は、1万～2万円くらいのものを買い、2～3年で交換。家族で食事など、電車に乗って出かけるようなときはルイ・ヴィトンのお財布を使用。ＴＰＯで使い分けています。

ルイ・ヴィトンは、なぜかずっと好きなんですよね。自分でお金を出して初めて買ったハイブランドのアイテムが、ヴィトンのバッグだったからかな？　最近の若い人はブランドものでも、ロゴが目立たないもののほうが人気と聞きますが、やっぱり私はこのタイプが好き。とても気に入っています。

2つのお財布は、父からのプレゼントなんです。クリスマスに「好きなものを選んで」と言ってくれて。長財布は15年、二つ折りのほうはもう20年近く使っているんですよ。使用後は、金具部分をクロスで拭いて、クローゼットの中の定位置へ。バッグの中に入れっぱなしにしないほうがいいと聞いたことがあり、それ以来の習慣です。

バッグの中身は最小限。「不安だから」と増やさない

きちんとした人ならば、出かけるときに、バッグにあれこれ準備すると思うんです。たとえば、ケガをしたとき用のばんそうこうとか、スマートフォンの充電器とか。ところが大ざっぱな性格の私のバッグの中には、そういった〝もしものとき用〟のものは、ほとんどなし。荷物は最小限です。なにかが必要になったら、そのときはそのとき。「どうにかなるさ！」の精神で乗りきります。

今回、自分のバッグの中身を見て、己の大ざっぱで、細かいことを気にしない性格をあらためて実感。でもそれが、なにごとにもクヨクヨ悩まず、毎日をお気楽に過ごせるコツなのかなと思ったりもして……。

春
夏

秋
冬

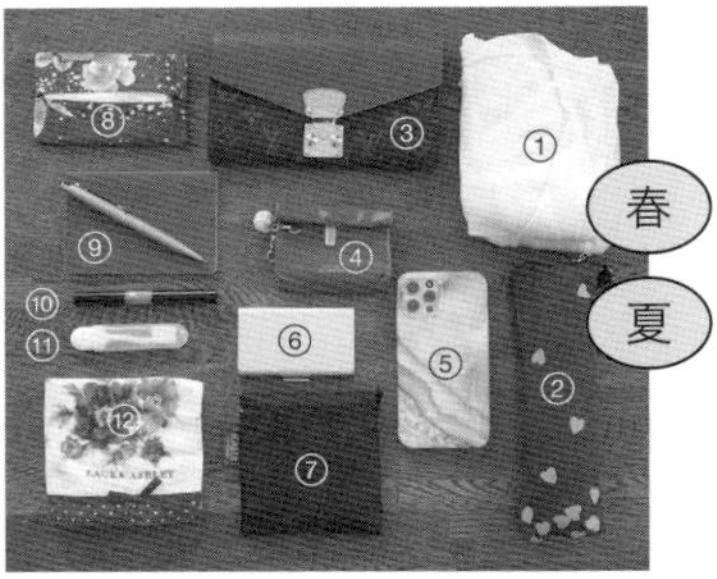

①白カーディガン：ユニクロで購入。肌触りがよい綿素材のものを冷房対策用に。②日傘：母からの誕生日プレゼント。肌がベタベタするのが好きではなく、日やけ止めを塗らないので、せめてもの紫外線対策として持ち歩いています。③長財布：大好きな赤がアクセントに使われているところがお気に入り。傷もつきにくい。④小銭入れ：長財布にも小銭入れはついているのですが小銭でパンパンに膨らむのが嫌で、小銭入れも併用。こちらも母からの誕生日プレゼントで、母とお揃いなんです。⑤スマートフォン：使用機種は、iPhone12 Pro。YouTubeの動画作成はこれ1台で。⑥名刺入れ：無印良品の「アルミカードケース」を名刺入れに。YouTubeがご縁でWebの記事作成などのお仕事をいただくことが増えたので、仕事用の名刺を持ち歩くようになりました。⑦エコバッグ：気分によって替えますが、こちらはカルディのもの。⑧ティッシュケース：友人の手づくり。⑨手帳：B6サイズで24ページしかない無印良品の「パスポートメモ」は、かさばらないので持ち歩きに便利。地域活動の会合の記録や、YouTube動画のアイディアはこちらにメモ。名前入りのボールペンは、友人からの贈り物です。⑩リップグロス：少しカッチリとした服装のときは、口紅にチェンジ。⑪歯ブラシ：死ぬその日まで自分の歯で食べ続けたいから、外出先でも食事のあとの歯みがきは欠かしません。⑫ローラ アシュレイのタオルハンカチ：夏場は吸水性の高いタオル地のものを愛用しています

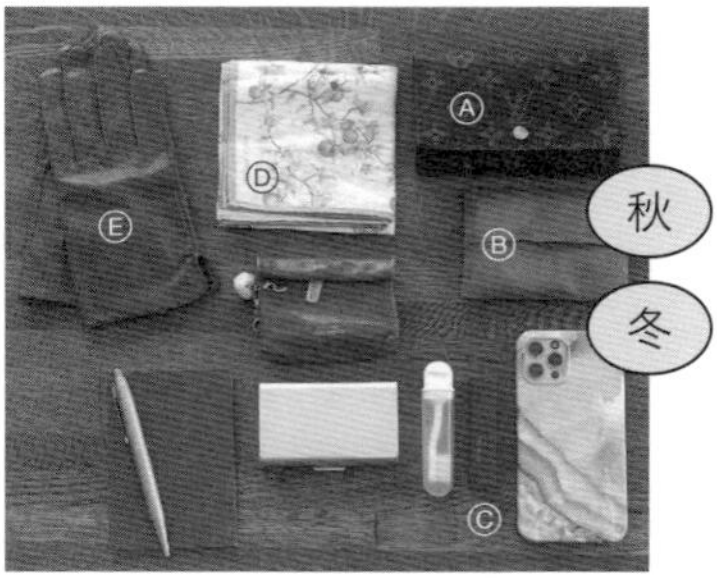

Ⓐ二つ折り財布：バッグが小さめのときはこちらを使用。余裕のある大きさの場合は、長財布に。Ⓑティッシュケース：友人から手づくりのティッシュケースをいくつかプレゼントしてもらったので、気分によって色柄を選んで楽しんでいます。Ⓒ口紅：口紅は、プチプラで肌にも優しいセザンヌのものを愛用。Ⓓウエッジウッドのハンカチ：冬場はあまり汗をかかないので、タオルハンカチではなく、普通の綿のハンカチです。Ⓔ革手袋：好きな色であり、ファッションのポイントにもなる赤をセレクト。革製ですが、とてもやわらかいので、つけていて窮屈に感じません。※そのほかは【夏】と同じ

コーデで悩みたくないから家でも外でもワンピース

昔から、洋服の組み合わせを考えるのがどうも苦手で。シンプルなアイテムを組み合わせても、なぜかしっくりこないことがよくありました。

その点、ワンピースは一枚で完結するから、コーディネートに悩む必要はなし。時間がないときでも一瞬で身支度が終わり、時短になるという利点も。

ワンパターンでつまらない、という人もいるかもしれませんが、センスに自信のない私にはコーデを考える手間がなくなるほうが重要です。それにワンピース自体、いろいろなデザインがあるし、アクセサリーやバッグなどの組み合わせで印象を変えることもできる。いろいろ楽しめるアイテムなんですよ。

スキンケアもメイクもワンパターンが結局仕上がりがいい

私、メイクも苦手なんです。眉スタンプなどあれこれ試してみてもなにひとつ上手に使えず、そんな自分にあきれるやら、悔しいやら。そこで、もう挑戦するのはやめよう、自分ができることだけやろうと、半分あきらめの境地でたどりついたのが、今のメイクです。

スキンケアはオールインワンジェルとオイルを塗るだけ。その上からフェイスパウダーをはたき、眉毛を描いて、チークと口紅を塗ったら終了です。

毎日同じメイクですが、ワンパターンだからこそ失敗することがありません。本音をいえば、もう少し眉毛がうまく描けたらいいなとは思うけれど。

(上)メイクはキッチンに設置した鏡の前で。以前は洗面所でメイクしていましたが、こちらのほうが自然光が入り、メイクが自然に仕上がる気が。(下)毎日のメイクに使うアイテムはこれだけ。フェイスパウダーとリップはセザンヌ、チークはエトヴォス、眉ペンシルはダイソーのもの。コスメはできるだけ石けんで落ちるものを選んでいます。スキンケアはベラジェルとダマスクローズオイルの２品で終了

絶望から救い出してくれた「お母さん、きれいだね」のひと言

今から4年前、60歳の誕生日を控えた私は、どうにもならない絶望を感じていました。シワが増え、肌もたるみ、日に日に老け込んでいく自分を見るのがつらくてつらくて。「60歳になったら終わりだ」とさえ思っていました。

ちょうどその頃、娘のすすめでYouTubeを始めることに。視聴者数は数人だけでしたが、動画を編集し終えたときに感じる達成感が忘れられなくて、毎日夢中で動画を作成していました。

そんなある日、出かけた先にクリスマスツリーがあり、その前で撮った写真を娘に送ったら、娘から「お母さん、きれいだね」というメッセージが。

うれしかったですね。60歳になった私に、だれかが「きれいだね」と言ってくれるなんて思いもしなかったから、涙が出るほどうれしかった。
そのとき、気がついたんです。「若くなければきれいじゃない」と思い込んでいたのではないかって。私は「女性の価値は若さ」という価値観が横行する社会で生きてきた世代。無意識のうちに刷り込まれた価値観が、60歳目前の自分を深く苦しめていたことに、娘のひと言で気づくことができたんです。

だれかと比べたり、だれかの目を気にする必要なんてない。今の自分が「いいね」と納得できる自分でいられたらそれでいいんだ。

そう意識が変わってからは、気持ちが軽くなり、自分に手をかけてあげることも楽しくなりました。顔のたるみを防止する顔ストレッチなど、新しいことにも日々チャレンジしています。あれから4年たちましたが、64歳なりに、納得できる自分に近づけているんじゃないかな？

Column
no.2

白髪染めは
まだやめません

白髪染めの頻度は２か月に一度。行きつけの美容院で、染めるほど髪にツヤが出ると聞いて以来、３年ほどヘナで染めています。94歳の母がいまだに髪が黒く、私も白髪はそれほど多くないのでしばらくはヘナ染めでいいのかなと。今後もっと白髪が増えたら白髪染めをやめ、ベースの髪色を明るくして地毛と白髪の色の差をぼかしていこうかと計画中です。

◉ 人生初のショートヘア、楽しんでいます

ずっと長かった髪を切ったのは、YouTubeを始める少し前。急激に老け込んだあのときです。その老けた顔に、長い髪は似合わないと感じて。自分のなかで「この長さは無理があるな」と思い、切ることにしました。最初はミディアムボブくらいからスタート。だんだん短くなっていき、今ではショートヘアに。こんなに短いのは、人生で初めてです。ロングヘア好きの夫は、最初は「あぁ、切ったんだ」くらいの反応でしたが、次第に「もっと短くしたら？」とすすめるようになってきて。でも私の髪ですから（笑）、好きにさせてもらいます。普段のケアは、100％植物由来成分配合の「アバロンオーガニクス」のシャンプーを使用。アイハーブで購入しています。

◉ かつては セミロングでした

49歳

52歳

大人になってからは、ずっとセミロングです。昔一度だけ短くしたときには、子どもたちが「お母さんじゃない！」と泣いたほど。長い髪は、じつは夫の好み。ショートヘアにしたのは、夫への反発心もなきにしもあらず……!?

Part4

やめたら
心が
安定したこと

怒りは「見ない」ことで沈静化

▼気持ちをコントロールする方法をYouTubeに投稿してみんなでシェア

中学生くらいまでの私は、自分が「これはおかしい！」と思ったことなら男の子相手でもつっかかっていく、人のけんかも買うような子どもでした。

大人になるにつれて徐々に感情をオブラートに包む方法は覚えていきましたが、最近になって、怒りの逃がし方とでもいうのでしょうか、気持ちをコントロールするノウハウを身につけられたように感じています。

だれかの行動や言動に怒りを感じたら、まず自分と相手を置き換えて考えてみます。すると、「自分もそう言っちゃうかもしれないなぁ」とか、「じつはよかれと思ってやったことかも」などと、納得できることもあったりして。気持

YouTubeの投稿と交流は、気持ちのコントロールにも役立ちます

ちの落としどころが見つかりさえすれば、怒りは少しずつ沈静化。心もスッと落ち着きます。

それでもやっぱり納得できないことは、経験上、放っておかないほうがいいことなので、きちんと相手に伝えます。

気をつけているのは、その場で伝えるということ。時間がたってしまうと、相手もなんのことを言われているのかわからないだろうし、こちらもうつうつとした感情がたまって大爆発、ということが起こりがちなので。

嫌なところは見ない、というのも、なかなかいい手なんじゃないかなと思っています。人の嫌なところって、一度気にしだすと次から次へと見えてきてしまうじゃないですか。そうなるともう、関係を修復することは至難の業。一対一のおつき合いであれば、縁をきれば済む話だけど、コミュニティのなかではそうもいきません。

だから私は、嫌だなと思う部分には目をつぶり、相手の素敵なところを見つけようと、心がけているんです。簡単なことじゃないけれど、まわりの人もきっと、私に対して目をつぶってくれているところがあると思うんですよね。どんなこともお互いさま。そう思うと、多少のことには目をつぶれるから不思議です。

「人は自分を映す鏡」とはよくいったもので、そんなふうにいいところ探しをしていると、相手からもよくしてもらえることがたびたびあって。最近、そんな好意の循環をよく感じています。

怒りやイライラ、モヤモヤをガマンしていると、気持ちがふさいだり、自己嫌悪に陥ったり。私にもそういう経験があるからこそ、ＹｏｕＴｕｂｅでは私なりの解決法をご紹介したいなと思っています。視聴者の皆さんから寄せられるコメントに、「そういう方法もあったんだ！」とヒントをいただくことも多いんですよ。私のＹｏｕＴｕｂｅチャンネルが、ラクに生きるヒントをみんなでシェアする場になれたら、こんなにうれしいことはありません。

スマホに詳しくなくても大丈夫でした

ライフさん流 YouTube動画のつくり方

YouTube『60歳からの幸せライフ』では
90万再生に迫る動画も。我流で編み出したという
気になる動画のつくり方とは……？

How to 1 「お茶の時間」を撮影&感想をメモ

たまたま撮ったおやつ動画に対する視聴者さんからの反応がよく、それ以来動画の冒頭に私がおやつを楽しむシーンを入れるように。リビングに自然光が入る午前中が撮影のベストタイミング。撮影機材はスマートフォンと三脚だけです。

お菓子は、普段から菓子店やネットをチェックして購入。味の感想は文字で伝えるため、忘れないうちにメモをしておやつ動画の撮影は終了です。

私のチャンネルでは、動画に文字で伝えたいことを入れていくのですが、その背景となる動画を午前中のうちに撮影します。

チャンネル開設当初からいちばんこだわっているのは、「きれいな動画をつくりたい」という思い。家の中の一角でも、どうすれば美しく見えるかを考えて、撮影や動画の編集を行っています。

屋外でも撮影はしますが、映像のネタを考えるのがひと苦労なんです。

How to 2

部屋の好きなところを撮りためておく

How to 3

伝えたいことをスマホに打ち込み動画と合体→記事公開

動画の長さの調節や、BGM、文字の挿入はとても簡単。YouTubeアプリで行っていますが、操作に詳しくなくても大丈夫なのがありがたいです。

編集作業を行ったら、動画をアップ。設定した日時に公開となります。

一度アップした動画は、再度編集することができません。ときどき誤字などもありますが、直せないものは仕方ないと開き直り、忘れてしまうのがいちばん!

How to 4 公開した記事へのコメントにお返事

動画に寄せられるコメントを読むのが毎日の楽しみになっていて。すべて目を通し、できる限りお返事をするようにしています。

コメントを読むと、私と同じようなことで悩んでいる方もいて、一人じゃないんだと力をもらえることも多いですね。

ありがたいことにアンチコメントはほとんどなく、とても平和なコメント欄なんですよ。

How to 5 今後書きたい内容はスマホや手帳に常にメモ

視聴者さんからのコメントや、毎日の暮らしのなかでふと気づいたことなど、動画のヒントになりそうなことは、常にスマホや手帳にメモ。考えに行きづまったときはラジオ体操をしたり、家事をしたり。体を動かすといいみたい。

とくにアイディアがひらめくのは、朝起きたときです。頭がすっきりしているのか、どんどん新しい考えが湧いてきます。

体力の衰えは放置しない

▼一日2回のラジオ体操で体力を充電

大人になってよさがわかるものはいろいろあるといいますが、私にとってはラジオ体操もそのひとつ。

体力の低下が気になっていたとき、「ラジオ体操を第1から第3までやると、けっこうな運動量になる」とどこかでだれかに聞いたのが、そもそもの始まりです。

実際にやってみると、全身の筋肉や関節がくまなく動いていることがわかります。体もポカポカしてきて、「これは肩こりにもよさそう！」と、一日2回、朝と夜に欠かさず続けて早2年。夏バテをしなくなり、動画作成を始めてから

動画作成の前に、毎日行うラジオ体操。〝やる気スイッチ〟にもなっています

悩んでいた肩こりもほとんど解消。ぷよぷよだったふくらはぎにも筋肉らしきものが出現するなど、じわじわと効果を感じています。

ラジオ体操をする以前は、ＹｏｕＴｕｂｅ動画を見てストレッチをしていたこともあったんです。でも、「脇腹を伸ばして30秒キープ」の、この「30秒」がせっかちな私には待てなかったんですよね。その点、ずっと動き続けているラジオ体操は私の性に合っていたよう。無理なく習慣化することができました。

加齢による体力の低下や不調は避けて通れないものだけど、今できることを少しずつでもやっていけば、健康寿命を延ばすことはできるのではないかと思って続けています。

ラジオ体操には、リフレッシュ効果もあるみたい。動画作成に行きづまったときや家事のやる気が出ないときに第1だけでも行うと、体と気持ちがシャキッとして、次の行動にスムーズに移れるんですよ。

気分転換のラジオ体操すらやる気が起きないときは、それはきっと体と心が発するヘルプサイン。無理せず休息を取るのがいちばんです。もう無理は利かないお年頃。適切に休息を取ることの大切さも、実感しています。

気力も即充電

▼サブスク動画で毎日心にごほうびを

ソファに座って、コーヒーや紅茶を飲みながらドラマを見る時間は、なによりのお楽しみ。ごほうびのような時間です。子どもたちが小さい頃は、ドラマを見るより寝たいという欲が勝っていたから、ろくにドラマを見たことがなくて。その分というわけじゃないけれど、今はアマゾンプライムやネットフリックスなどの動画配信サービスで、毎晩ドラマを満喫しています。

いろいろなジャンルを見ていますが、やっぱり好きなのはドキドキも感動もすべてが詰まった韓国ドラマ。寝不足にならないように、一応視聴時間は決めてはいるものの、守れない日も多いような……。

見栄をはること、マウントをやめた

▼代わりに「いいところ」をほめたら人間関係が円滑に

「あぁ、やってしまった。ろくでもないことを言ってしまった」

とある集まりで同年代のメンバーに少しはり合うような態度をとられた私は、いわゆるマウント合戦をしてしまったのです。

若い頃はこうしたやりとりが当たり前のようにありましたが、そういう場から距離を置き、時間がたっていたにも関わらず、やってしまったマウント合戦。家に帰って冷静になると、もうこんな思いはしたくないと思うほどの恥ずかしさに襲われました。年齢を重ねたことで、客観的に自分を見ることができるようになり、ようやく未熟さに気づけたのだと思います。

二度と同じことはしないと決心した私は、見栄をはることもやめました。すぐばれるし、自分を嫌いになることは目に見えていたから。

これからは、自分の自慢をするのではなく、相手のいいところをちゃんと言葉にしてほめようと思ったのもそのときです。お世辞は言えない性分なので、ほめるのはもちろん本当にいいと思ったことだけ。すると「この人は自分のことをちゃんと見てくれる人だ」と安心してもらえるのか、相手のほうから素の自分を見せてくれるようになってきて。どんどん人間関係がよくなってきている気がします。家族に対しても同じこと。ほめ言葉は「あなたのこと、いつも見ているよ」のサイン。夫や子どもにも私の思いが届いていますように。

孤独や嫉妬に悩むのはやめた

▼自分なりの対処法で穏やかな心をキープ

年を重ねることも悪くないなと思うのは、なにか困ったことが起きたときかもしれません。これまでに身についた自分なりの方法で対処できるたび、「年を重ねたおかげかも」と感じるのです。

だからこの先、再び孤独を感じることがあったとしても、うろたえることはないんじゃないかと思います。地域ボランティアに飛び込んだときのように、また新たな人間関係をつくれる場を探せばいいと、自分でわかっているから。

年々、心が揺らがないようになっているのは、これまでの経験が私を強くしてくれているからなんだと実感します。

そういえば最近またひとつ、経験から身についたことがあるんです。それは、人をうらやむ気持ちとのつき合い方。

学生時代から、人に対して「うらやましい」と感じることはよくありました。きれいな人、頭がいい人、人気がある人……。クラスメイトを見ては、あんなふうになりたいなと思ったものです。

その気持ちの根底には、「どうして私がもっていないものを、あの子はもっているんだろう」と腹立たしく思う気持ちが潜んでいることがよくあって。その気持ちがなにかの原動力になればいいけれど、うらやんでいるままだと最悪の場合、相手との関係を壊してしまいかねません。

かつての私は自分がもっていないものを欲しがるばかりでした。でも、自分が置かれている場所にも幸せはいっぱい隠れているんですよね。人と比べる人生より、自分に満足して生きる人生のほうがずっといいなと気づけた今、人をうらやむ気持ちと上手につき合えるような気がしています。

「私なんかできない」と思わない

▼とりあえずやってみる、続けてみる

娘に「YouTubeやってみたら?」とすすめられたとき、私がどういう状態だったかといいますと、動画に対する知識はゼロ。なにを使って編集すればいいのかもわからない状態でした。

だけど、走り出しちゃったんですよね。その頃よく見ていた韓国の方のVlog系のYouTubeチャンネルの映像が、洗練されていてすごくきれいで。「ああいうのを私もつくりたい!」と思ってしまったんです。「私にはできないかも」なんて1ミリも思わずに。

最初につくった動画は、ファミリービデオの延長レベル。それでも動画をつ

くり終えたときの達成感が忘れられなくて、今度はああしたい、こうしたいと独学で調べながらつくっていくうちに、最初は数人だった視聴者数が約2万人に。チャンネル開設から3年たちましたが、動画をつくる楽しさは今も変わらず。というより、年々増している気がします。

もともとコツコツ続けることは得意な性格です。それに加えて、大ざっぱなところもＹｏｕＴｕｂｅには向いていたのかなと思います。ＹｏｕＴｕｂｅの動画って、一度アップしたら修正できないんですよ。誤字があったりすると、几帳面な性格の人は修正できないことにストレスを感じるかもしれません。でも私は大ざっぱだから、「まぁいいや」で終了。この性格に感謝ですね。

なにごともトライしてみて、楽しくなかったらやめちゃえばいいんです。でもやってみなければ、楽しいかどうかもわからない。私はいつも「ダメだったらやめればいいや」と思っているので、新しいことにチャレンジするのが怖くないのかもしれません。やりたいことがあるのは幸せなこと。これからも興味を引かれるものがあれば、どんどんトライしていきたいと思っています。

「片づけのあとまわし」はやめた

▼ちゃんと片づければ気持ちもすっきり

私は掃除や片づけが、それほど好きではありません。だから以前は、忙しさを理由にあとまわしにしてしまうことなんてしょっちゅう。すると家の中は日に日に散らかり、どんどん片づけが大変になる……、という悪循環に。

そこで一念発起。片づけのあとまわしをやめ、気になるところはすぐに片づけようと意識し始めたところ、これが意外と苦ではなく。心地よさをキープしたいがために、意識しなくても片づけや掃除ができるようになったんです。

あらためて感じたのが、整った部屋の気持ちよさ。整理された空間で過ごすと気持ちが落ち着き、安定するんだなとしみじみ感じています。

掃除に関しては、こまめに行っているとホコリや汚れがたまらないので、結果的に掃除がラクになるんです。年末の大掃除のときに嫌々やっていた窓掃除も、週に1回窓を拭くようにしたら大掃除が不要に。拭き終わったあとのクリアな窓ガラスを見ると、気分もすっきりします。

照明器具や額などのホコリも、週に1回はたきで払います。わが家のキッチンはリビングとつながっているため、調理中に食材から出た油を含んだ空気がリビングに流れがち。ホコリに付着するとベタつきの原因になり、落ちにくくなってしまいますが、ベタつく前に払ってしまえば掃除もあっという間です。

それでもやっぱり苦手な家事は、あとまわしにしてしまうことが多いもの。そんなときは、苦手な家事を家電にお任せしてしまうのもひとつの手。うちでは床掃除はロボット掃除機にお任せしていますが、大ざっぱな私がやるより断然きれいになるんです。家電に家事を託すのは手抜きではなく、心と時間と体力にゆとりを生み出すために必要なこと。そんなふうに考えてみたら、気持ちも家事もラクになりました。

(上)ダチョウの羽根のはたきは、出しっぱなしにしていても絵になるお気に入りのアイテム。(下)使用頻度の低い大きめの器は、ときどき出してホコリを払っておくと、使いたいときにすぐ使えます

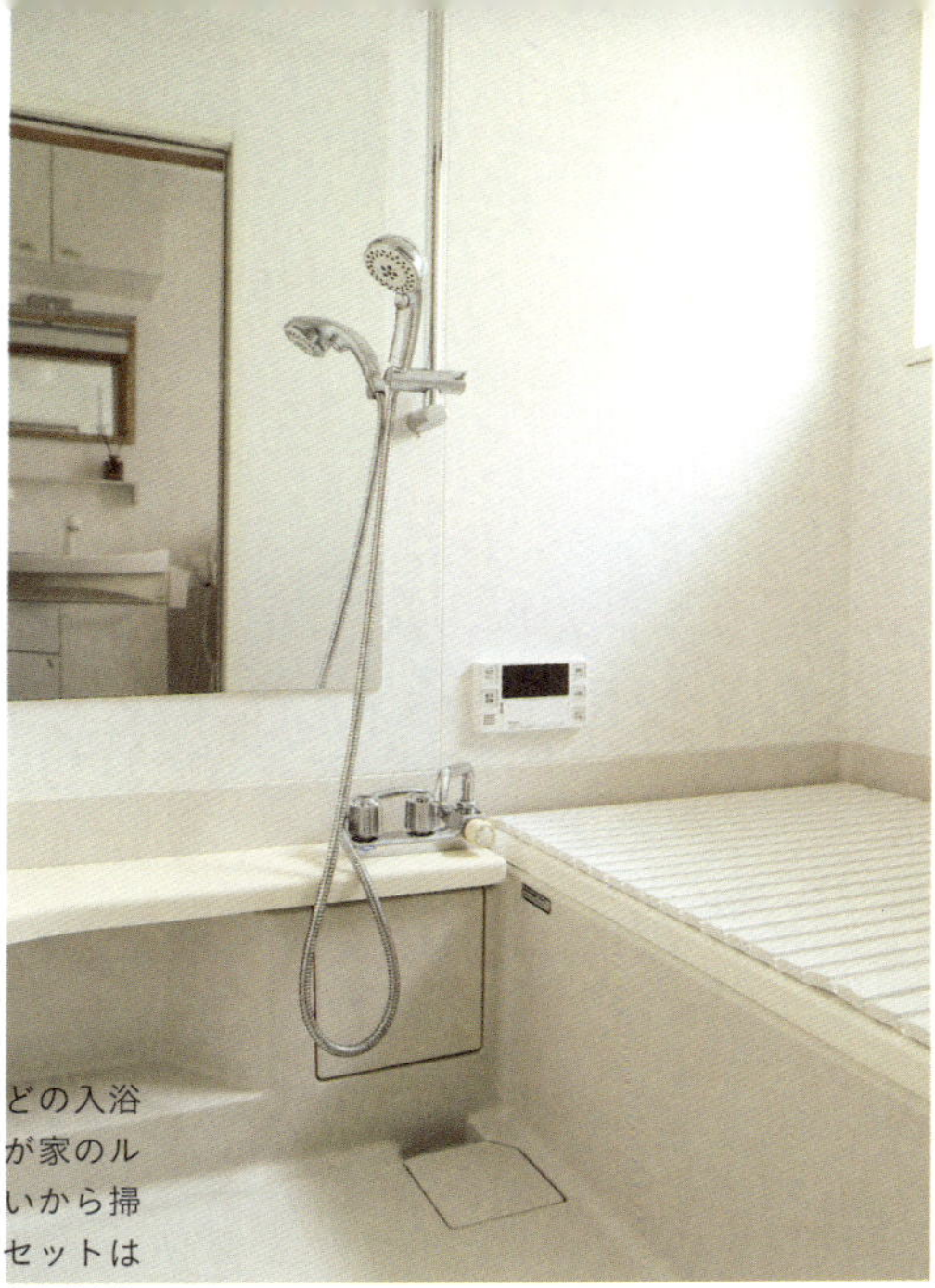

(上)入浴のたびに石けんなどの入浴セットを持ち込むのが、わが家のルール。浴室になにも置かないから掃除がラク。(左下)私の入浴セットはオールインワンシャンプーと石けんだけです。(右下)ワンピしかないクローゼット。定期的に見直して、いつでも洋服が取り出しやすい状態に

Column
no.3

本に書かれた、だれかの言葉に助けられてきました

潰瘍《かいよう》性大腸炎を患い、病院のベッドで寝ているしかなかった19歳の私は、むさぼるように本を読んでいました。潰瘍性大腸炎は、当時まだ治療法が確立されていなかった病。もう治らないかもしれないと、あきらめそうになっていた私がくじけずにいられたのは、そのとき出合ったいくつかの言葉のおかげです。古くから伝わる言い伝えや、市井《しせい》の人のなにげないひと言……。19歳の私を支えてくれた言葉は、64歳になった今も私のそばにいて、折々に私を励ましてくれています。今も読書は毎日の楽しみ。パッと本を開いたとき、今まさに欲していた言葉が目に飛び込んでくると、「本の神様がいるのかな⁉」なんてドキッとすることも。

『フィンドホーン 愛の言葉』は、20代で出合ってからずっと読み続けている愛読書。普段忘れがちな、自分はさまざまなものに助けられ、生かされている存在だということを思い出させてくれる一冊です

自分に起こることはなにひとつムダなことはないんだと教えてくれた、鮫島純子さんの『なにがあっても、ありがとう』。嫌なことがあっても、この本を読むとストンと腑に落ちる気がします

Part5

健康は
最重要課題

病院嫌い…だからお金をかけずに日々セルフケア

私は病院嫌いの薬嫌い。年に1〜2回、花粉症の症状があまりにもひどいときには薬を飲みますが、この数十年というもの、ほぼ病院や薬に頼らず暮らしています。

病院や薬に頼らなくなったのには、19歳のときに患った潰瘍性大腸炎が大きく影響しています。当時まだ知られていなかった病のため、病名が判明するまでに1年間ほどかかったうえ、やっと病名が判明して入院しても、治療する術《すべ》がないからと、ただ安静にしているだけ。見かねた父が、自宅で育てていたアロエベラをこっそり病院に持ち込み食べさせてくれなければ、症状は改善しなかったかもしれません。今でこそ、アロエベラは潰瘍性大腸炎の症状に効果が期待できるという研究結果が出ていますが、当時はなんのエビデンスもなかった時代。父は娘を思う一念で、持ってきてくれたんでしょうね。父には今でも感謝しています。

「病院で治らない病気もあるのだから、自分の体は自分で守らなきゃ」と思うようになったのは、そのときの経験から。もちろん、病院や薬はこの世の中に必要なもので、将来私もお世話になる日がくると思います。でも自分でケアできるうちは、できることをやって健康寿命を延ばせたらいいな、と。

日々心がけているのは、体からのサインに耳を傾け、自分の体調を無視しないこと。バランスのいい食事をとること。体力増進のラジオ体操も欠かせません。免疫力が高まるよう、しょうがなどの体を温める食材を積極的にとっているからか、風邪もほとんどひいたことがないんですよ。

Part5

健康は
最重要課題

一日2食、腹八分目が体調によいと気づくまで

私の健康づくりの基本は、なんといっても食事です。私は20代から一日2食の生活を続けていて、それが自分の体には合っているなと感じています。

一日3食の頃もあったんですよ。でも胃がもたれるし、次の食事までにおなかもすかない。それならばと2食にしてみたら、体調がぐんぐんよくなったんです。以来、妊娠、授乳期以外は一日2食の生活を続けてきました。

夫も仕事をやめてから2食生活になったのですが、夜型の生活をしている彼は夕食後に小腹がすくこともあるようで。残ったご飯でおにぎりをつくったりして、こっそり食べているみたい。

また年々、調理を負担に感じることも増えてきたため、毎日の食事は、食材を蒸す、焼くというシンプルなメニューが定番です。今は凝った料理をつくるのは子どもたちの帰省時くらい。そういうご家庭、多いんじゃないでしょうか。

料理は目で見て楽しむものでもありますよね。といっても私のつくる料理は、ザ・シンプルだから、華やかな食器が強い味方です。義母から譲ってもらった和食器は食卓のアクセントになるものが多く、昨日の残り物のおかずもなんだかいい感じに見えるから大助かりです。

折敷《おしき》もすごく優秀で。朱塗りのものは、それだけでパッと食卓が華やぎ、器や料理の品もアップ。ごく普通の焼き鮭も、旅館の朝食風に見える気が。

つくりおきは、あえてしません。たくさんつくったほうがおいしいもの、たとえばポテトサラダやひじきの煮物などは多めにつくりますが、基本的にはその日食べたいものを食べるスタイルです。

食材の調達は、食材の宅配サービスで。子どもが小さい頃から利用していますが、重い荷物を持たなくていいから本当にラク。現在利用している生活クラブは、新鮮で安心、安全な食材を届けてくれる点がお気に入りです。

週に1回届けてもらう食材で1週間の食事はほぼカバーできますが、たりないものは夫にスポーツジムの帰りに買ってきてもらっています。

毎日ごはんをおいしく食べられることって、すごくありがたいことだなと思うんです。体と心の健康あってこそ、おいしさを感じられると思うから、年を重ねるごとにその気持ちは強まっています。一日2食の生活を続けている理由のひとつには、一回一回のごはんをちゃんとおいしく食べたいというのもありますね。これからも体の声に耳を傾けて、今の自分に合った食事を心がけていくことが、健康に暮らすコツなのかなと考えています。

スイーツは心の健康によく効きます

潰瘍性大腸炎を患った際に、医師から「甘いものは控えるように」と言われて以来、お菓子を食べたい気持ちにブレーキをかけていました。

あれから数十年たち、人生ももう後半戦。「そろそろガマンしなくていいんじゃない？」と控えていたお菓子を解禁。毎日好きなお菓子を味わっています。

それほど量が食べられるわけではないので、昼食に影響しない程度にいただくだけ。それでもやっぱり、「好きなものをガマンしなくていいって最高！」と思うのです。心を甘く、豊かに満たしてくれるこの時間を失わないためにも、健康には気をつけなければ……！

YouTubeでは毎回いろいろなスイーツを紹介しています

「自分の大好きなかわいいお菓子を紹介したい」という単純な思いからスタートした、YouTube動画でのお菓子紹介。回を重ねるごとに、動画を見てくださっている視聴者の方から「おいしそう！」「きれいなお菓子ですね」といったコメントが寄せられるようになり、今ではその声がお菓子探しのモチベーションになっています。

情報収集は、Webサイトを見たり、デパートを見て回ったり。ときには地方の珍しいお菓子ハンティングのため、物産展やアンテナショップに足を運ぶことも。

かわいいもの、きれいなものが好きなので、ビジュアルに惹かれて購入することがほとんどです。次のページで紹介している『紙ふうせん』のように、一風変わったお菓子に出合えると、思わずテンションが上がります。

食べてみて、味もよければいうことなし。ＹｏｕＴｕｂｅでご紹介しているお菓子は、見た目も味も大満足のものばかりなので、もし機会があれば試してみてくださいね。

旅先でのお菓子パトロールも欠かせません。これまでに訪れた旅先でお財布のひもがゆるみっぱなしだったのは、石川県の金沢市です。茶の湯の盛んな土地はお菓子の質も高いと聞いたことがありますが、金沢は駅ナカのスイーツショップを見るだけでも、「全部欲しい！」と心の中で叫んだほど。お菓子の宝庫である金沢に、いつかお菓子探しの旅に行けたらと夢見ています。そのときには必ずＹｏｕＴｕｂｅでご報告しますので、お楽しみに。

YouTubeで反響のあった
スイーツ5選

動画のスタートは、必ずスイーツを食べるシーンから、
がライフさんの動画のお約束。今まで動画内で紹介してきた
スイーツは100以上にものぼりますが、そのなかから
とくに反響の大きかったトップ5を、ライフさんの感想と
視聴者の方々の反応とともにご紹介します

A 【菓匠 髙木屋】
新感覚の和菓子 紙ふうせん

「金沢旅行で出合い、かわいらしい見た目にひと目ぼれ。外側のもなかと、中のゼリーの食感のギャップが楽しく、さわやかなお味。手土産にもとても好評」

視聴者さんの声

「かわいいです！」「上品な和菓子ですね、色もきれいです」

B 【和む菓子 なか又】
前橋どらやき ふわふわ わぬき

「新宿伊勢丹を歩いていて、ビジュアルに目を引かれたお菓子です。メレンゲたっぷりの生地が信じられないほどやわらかく、お味も極上のどら焼きです」

視聴者さんの声

「まるでパンケーキのよう！」「見ているだけで幸せ気分。最高においしそう！」

C 【アルカション】
デュネット

「コニャックの効いた、芳醇で上品な味わいのフランス伝統の焼き菓子。日本で製造を許されているのは、こちらのお店のみだそう」

視聴者さんの声

「特別感のあるお菓子ですね！」

D
ドライドリアン
（ベトナム土産）

「生のドリアンも大好きなのですが、ベトナムでこのスナックに出合い、大ファンに。東南アジアへ旅したときは、必ず大量に買って帰ります」

視聴者さんの声

「食べたことないのですが、どんなお味ですか？」「味のイメージがつかめないです。知りたい！」

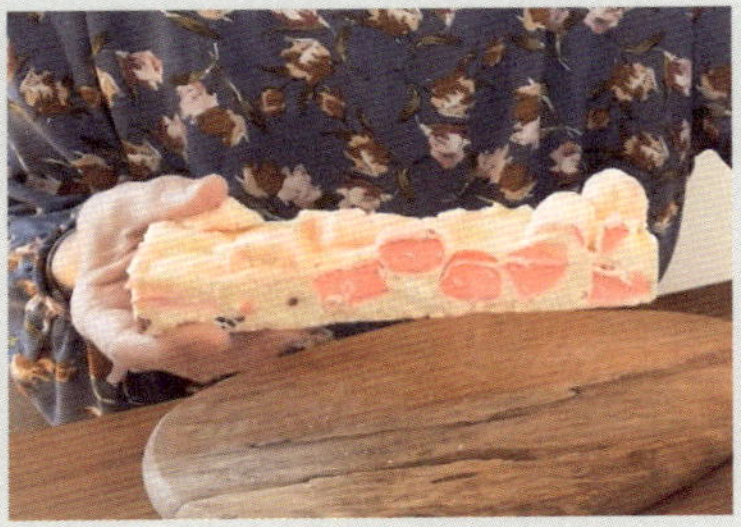

E
ロッキーロード
（オーストラリア土産）

「旅先のメルボルン空港でひと目ぼれして、即購入。真っ白でやわらかなチョコレートにピンク色のマシュマロが詰め込まれたお菓子は、食べたことのない衝撃的なおいしさでした」

視聴者さんの声

「珍しいお菓子ですね。おいしそう！」

※お店や商品の詳しい情報は、次のページをご覧ください

P.140〜141で
ご紹介したスイーツ
Information

※価格（税込み）や連絡先等は
2024年11月時点のものです

A 紙ふうせん（9個入り ¥680）

YouTube掲載：2022年9月13日、
2024年8月24日

金沢の老舗和菓子店が手がける、新感覚の和菓子。丸いもなかの中に和風ゼリーが入っていて、じゅわっとフレッシュなおいしさです。季節限定商品も

菓匠 高木屋 本店
住所：石川県金沢市本多町1-3-9
電話：076-231-2201
公式Webサイト：
https://takagiya.base.ec/
電話、FAXにてお取り寄せOK

B 前橋どらやき ふわふわ わぬき（10個入り ¥4,200）

YouTube掲載：2023年12月28日

ふるふるの生地にあんクリームやミルククリームがはさまれた、新食感のどら焼き。東京・伊勢丹新宿店、パワーモール前橋みなみ店にも店舗あり

和む菓子 なか又前橋本店
住所：群馬県前橋市千代田町2-7-21
電話：027-896-9359
インターネットにてお取り寄せOK
公式Webサイト：https://www.nkmt.jp/

C デュネット
（8個入り・缶入り ¥1050）

YouTube掲載：2022年7月22日

コニャック、松の実、アーモンドを使用した大人な香りのするお菓子。シェフの修業先、フランス「マルケ」のオリジナル商品で、日本でつくることが許されているのはこのお店だけ

アルカション本店
住所：東京都練馬区南大泉5-34-4
電話：03-5935-6180
インターネットにてお取り寄せOK
公式Webサイト：https://shop.cake-cake.net/arcachon/

D ドライドリアン（ベトナム土産）

YouTube掲載：2024年10月10日

「生よりにおいは控えめなのに、味は生のようなおいしさ！ チップスもありますが、ドリアンの風味がより味わえるブロック型が好みです。Amazonなどで購入でき、『乾燥ドリアン』『ドライドリアン』と検索すると出てきます。価格は2500〜3000円ほど」（ライフさん）

E ロッキーロード
（オーストラリア土産）

YouTube掲載：2024年3月26日

「マシュマロ、ナッツ、砂糖漬けチェリーなどを混ぜて固めたチョコレート菓子で、衝撃の甘さですがやみつきになるおいしさなんです。国内で購入できるお店をご存じの方がいたら、ぜひYouTubeのコメント欄でお教えください。オーストラリアに旅行する機会があれば、絶対にまた買います！」（ライフさん）

一日の予定はひとつだけ

家の中では、家事や動画作成といった複数のタスクをこなすことができるのに、外出先だと「あ、ちょっと無理かも……」と思うことが増えてきたのは昨年、63歳の頃からでしょうか。

若い頃は、せっかく外出するのだからあれこれ用事を済ませちゃおうと、一日にいくつもの予定を詰め込んでいました。でも今の私は、加齢によって気力や集中力が低下したせいか、自治会の会合のあと都心のデパートに買い物へ行く、というスケジュールも負担に感じるようになっていたのです。

無理したところで、「今日はあれができなかった」とモヤモヤしてしまうこ

とは確実です。そこで、一日の予定はひとつだけと決めてみたら、気持ちがうんとラクになり、外出先でも余裕をもって動けるようになりました。ひとつひとつの予定にも、集中して取り組めるような気がします。

加齢による気力や集中力の低下は、抗えないものです。けれども、自分に無理のないペースを知り、自分のペースで行動すれば、ストレスなく毎日を過ごすことができるんじゃないかなと思っています。

それに、外出先での集中力の低下はケガのもと。自分の身を守るためにも、余裕のある行動を心がけたいですね。

ぐっすり眠るためにしていること

さっきまで元気に遊んでいたのに、急に静かになったと思ったらすやすや寝息を立てていた……。そんな〝小さな子どもあるある〟が、そのまま当てはまるのが、眠いときの最近の私。日中でも電池ぎれのおもちゃのように突然動きが悪くなり、使い物にならなくなってしまうのですから、睡眠時間の確保と睡眠の質を上げることは死活問題なのです。

私に必要な睡眠時間は、どうやら最低7時間。ぐっすり眠れる環境をつくるためにいろいろ調べたところ、視覚から入る情報が多いと気持ちがくつろげず、寝つきが悪くなるようです。そこで今では、寝るとき布団の周囲に置くのは、ランプと目覚まし時計、あとは1冊の本だけに。目に入る情報は最低限です。

以前は小さなチェストを置き、その上に小物を飾っていたのですが、ごちゃついて見えるのが気になっていました。かといってすぐには捨てる決心がつかなかったので、寝室内のクローゼットの中にいったん避難。見えるところに小物がなくなったら、寝室がすっきりし、睡眠環境が一気に整いました。

なお、目からの情報を減らすために、スマートフォンは絶対に寝室には持ち込みません。リビングで充電しながら翌朝まで待機させます。

そして布団に入ったら、睡眠導入剤代わりに本を10分ほど読んで就寝……、というのが、いつものルーティーン。

そうそう、朝起きたらしっかり太陽の光を浴びることも、晴れた日には欠かさず行っている習慣です。太陽の光により体内時計がリセットされ、睡眠と覚醒のリズムが整うと聞き、続けています。

摘要
収入金額
支払金額
メモ

Part6

不安を捨てて、
できることだけ、
お金のこと

夫作成の「ライフプラン表」でお金の不安を解消

ずっと家計簿をつけています。本当にざっくりとしたものですが、家計が赤字になることはなかったから、けっこうやりくり上手なんじゃないかなと。

一方で貯蓄については、これがなかなかうまくはいかず……。子どもの学費の支払いが終わるまで、ほとんどできていませんでした。だから老後資金の貯蓄を始められたのは、50代半ばになってからのこと。そこからは、生活費を少しでも削って貯めようと、節約に励んでいましたね。当時は夫がまだ定年退職前だったから、毎日の暮らしに大きな不安はなかったものの、ふとしたときに老後への不安が脳裏をよぎることはありました。

まだまだ節約をがんばらなくちゃと思っていた矢先。夫から、突然の「会社をやめたい」宣言が飛び出しました。当時夫は61歳で、再雇用制度で働き始めたばかり。まだしばらくは働いてくれると思っていた私からすれば、まさに青天の霹靂《へきれき》です。ところが夫は、なぜか自信満々な顔。いぶかしがる私に夫が「これを見てほしい」と手渡してきたのは、「ライフプラン表」でした。

ぎっしりと書かれていたのは、夫が85歳、私が96歳になるまでの暮らしにかかる「出ていくお金」と「使えるお金」、そして年金などの「入ってくるお金」。2人の仮寿命は互いの両親の年齢を参考にしたそうなのですが、表にはそれぞれの年齢に至るまでの、1年ごとのお金の出入りが書かれていました。

きちんと税の勉強をし、ライフプランナー以上の緻密な計算をもとにライフプラン表をつくり上げたという夫いわく、「俺が会社をやめても、食うには困らない。だから俺はやめる!」とのこと。たしかにその表を見れば、私と夫が寿命を迎えるまでの暮らしは、年金に加え、今ある貯蓄と退職金で十分賄えることが一目瞭然。夫の言葉に、ものすごい説得力を感じましたね。

ライフプラン表は一度つくったらそれで終わりではありません。夫は毎年、年初に社会保険料や生活費などの費目ごとに金額を見直しています。1年ごとの誤差は小さくても、10年、20年と積み重なれば大きな額になってしまうから、この作業は欠かせないのだそう。

ライフプラン表は「心の保険」だと夫は言いますが、まさにその通り。以前の私たちはやみくもに老後を不安がり、節約と貯蓄に励んでいました。でも将来にわたるお金の出入りを把握していれば、不安な毎日を過ごす必要はないのです。今の私には、お金への漠然とした不安はありません。心にゆとりをもって過ごすことができるのは、「心の保険」のおかげだと実感する毎日です。

年初には物価の上昇も踏まえて費用の見込み額などを見直し、精度を上げています

Step 1

費目はできるだけ細かく。日々の生活費から特別費まで想定して計算

「妻が毎月つけている家計簿を参考に費目を書き出し、できる限り細分化。想定される支出額から、毎年の予算を決めて記載します。自動車関係の保険やメンテナンス費用、医療費などもここに入ります」

A 生活経費

食	食費
光熱費	電気
	ガス
	水道
保険	夫の共済
	夫の医療保険
	妻の共済
通信費	スマホ・固定光通信
車両費	ガソリン
	自動車保険
	自動車税
	車検
	車のメンテナンス
家の管理	家のメンテナンス
雑費	NHK
	日用雑貨
	クリーニング
	ガーデニング・庭木
	趣味の会費
	自治会費
	家電・家具メンテナンス
こづかい	こづかい夫
	こづかい妻
医療・健康	人間ドック
	病院受診・治療
	薬・サプリなど
その他	教養・娯楽
	交際費
	支援金
	冠婚葬祭
	理美容
	交通費
合計	

B 特別費

車・家・家電関連	車関連購入
	家の大型改修
	大型家電・家具
娯楽・教養	旅行など
	学校・研究費
	セミナー参加
子ども	お祝い・支援金
医療ほか	防災・防疫
	有料老人ホーム費
	入院費
	葬儀・墓等
合計	

「旅行や家電の購入など、ある程度まとまった出費が想定されるものについては特別費に。有料老人ホーム費は、夫婦おのおの2年間入所することを想定して算出しています」

C 公費

税金	所得税
	住民税
	固定資産税　家屋
	固定資産税　土地
社会保険（年度で算定）	健康保険
	介護保険　夫
	介護保険　妻
合計	

「税金や社会保険料をおおよその金額で算出してしまうと、毎年の収支に大きな違いが出てしまいます。しっかり調べて、可能な限り正確に算出することを心がけました」

Step 2 夫は85歳、妻は96歳までの想定でプランニング

「互いの両親の年齢を参考に、私は85歳、妻は96歳までとして想定。エクセルの表の横軸に年齢、縦軸に費目ごとに年間予算を入力しますが、ライフイベントによって年度ごとの金額は異なります」

Step 3 年金などの収入を計算

「年金などの収入も、年齢ごとに正確に計算して記入します。仕事をやめると収入が年金だけになるため、不安を感じますが、きちんと収入額を把握すれば不安も払拭。安心感が生まれます」

一時金・臨時収入	支援金・還付金
	車売却・終身保険金など
年金	1.厚生年金(報酬比例)+経過加算　夫62歳〜
	2.基礎年金　夫65歳〜
	3.厚生年金・配偶者加給
	夫65歳〜妻65歳までの約4年間
	4.妻の振替加算　妻65歳〜
	5.妻の厚生年金と企業年金　妻61歳〜
	6.妻の国民年金　妻65歳〜
合計	

Step 4 費用の総計から収入を引く (A+B+C)−収入=必要な貯蓄額

「Step 1で計算したA〜Cの費用をたした金額から、Step 3の収入の合計額を引いたが金額が、老後に必要な資金です。わが家の場合は、すでにある貯蓄と退職金で十分にたりるとわかりました」

Step 5 年末にその年にかかった費用を計算し、振り返りを

「妻が月々まとめている家計簿の年間集計額を、年末にライフプラン表に転記。費目ごとに予算内に収まっているかを確認します。金額が大きく変動した場合は、要因を明らかにして翌年以降の予算を見直します」

節約は苦手ですが、決まった額に収めるのは得意

結婚してすぐ、夫に「家計簿つけないの？」と言われてつけ始めた家計簿。私の母は家計簿をつけない人だったから、言われて初めて、「あ、つけるんだ」と。つけ方はまったくの自己流で、枠線のないノートに、食費、ガソリン代など10個ほど費目を書き、ざっくり支出額を記入。月末に締めたら、エクセルの家計簿に入力して、年末の決算に備えます。

「家計を赤字にしない」が、結婚当初からのテーマだったんです。今月は食費がオーバー気味だなと思ったら他の費目で調整して、必ず予算内に収まるように。性格は大ざっぱですが、家計のやりくりはけっこう得意なんですよ。

YouTubeの収益は小さいですが、喜びに

「ユーチューバーって儲かるんでしょ？」

私がYouTubeをやっていると話すと、よく聞かれるのがこの質問です。私もYouTubeを始める前は、そう思っていました。実際はというと、私の場合、チャンネルを開設して1年半ほどたった頃から収益が出るようになりましたが、多いときでも「ちょっとおしゃれな店で数回食事を楽しめるくらいの額」、といったところでしょうか。

動画づくりにかけている時間を考えたら、ものすご〜くコスパは悪いと思います。もし私が、「YouTubeの収益で生計を立てるぞ！」と思っていたら、

やめていたんじゃないかな。

だけど私は、この金額でも大満足なんです。なぜなら、私にとっては自分の手でお金が稼げること自体がうれしいこと。ずっと夢見ていたことなんです。

出産を機に仕事をやめて以来、私はお金を稼ぐこととは無縁の生活を送っていました。子育てに専念する生活はとても充実していました。けれど心の片隅に、いつか自分の手で収入を得たいという思いも、ずっともち続けていたんです。その夢がまさかこんな形で実現するとは。人生っておもしろいものですね。

以前なら、高いからとあきらめていた少し高級なお菓子を買ったり、家族と食事に行ったり。お金の使い道はそんなプチ贅沢をするくらいだけど、自分の稼いだお金でなにかを買うたびに、喜びを感じています。

ＹｏｕＴｕｂｅの収益は少ないけれど、私に大きな幸せをくれる存在。動画作成の励みにもなっています。

Part7

いつお迎えが来てもいいよう、毎日、前向きでいたいから

「お母さんってすっきり暮らしていたんだね」と子どもたちに言ってもらえたら

部屋を片づけていて、手放すかどうか迷うものがあると、必ず自分に聞くんです。

「私が死んだとき、これを見た子どもたちに『お母さん、なんでこんなものをとっておいたの？』って言われない？」

首回りが伸び伸びになったセーター、友人からの手紙、ずっとつけていた日記帳……。この自分への問いかけのおかげで手放せたものが、どれだけあるかわかりません。この言葉は、口にすればどんな迷いも断ち切れる、まさに魔法の呪文といったところでしょうか。

子どもたちの存在は、私がすっきり暮らしたいと思う理由のひとつでもあります。数年前の義実家の実家じまいが本当に大変で、「同じ苦労を子どもたちには絶対に味あわせたくない」と考えてからは、片づけに拍車がかかるように。

片づけの最中、とくに頭に浮かぶのは娘の顔と声です。娘とは仲がよく、お互い言いたいことを言い合える間柄だからか、「これ、どうしようかな……」と迷った瞬間、脳内に娘のあきれ顔と、「も〜お母さん、なにこれ⁉」という容赦のない声が自動再生。ものを手放す際のジャッジを、脳内の娘がサポートしてくれている感じなんです。

私の理想の人生の最期は、この世から旅立ったあと、子どもたちに「お母さんってすっきり暮らしていたんだね」と言ってもらえること。それを目指していると、いらないものがラクに手放せ、暮らしのサイズダウンも順調に進みます。身の回りを見回すと、もうちょっとスリムに暮らせそうな気もしていて。理想の暮らしに到達するには、まだもう少し時間が必要みたいです。

「どうにかなる」の大ざっぱさでこれからも

「あんたは心配ごとがなくていいわねぇ」というのは、母の口ぐせ。繊細で心配性な母の言葉は、自身の繊細さをアピールしていたのか、それとも大ざっぱな性格の私をうらやましく感じていたのか。真相はやぶの中ですが、私はこの性格がお気に入り。大ざっぱでラッキーだったなと思っているんです。

困ったことや悩みごとがあったとき、「どうにかなるさ！」とのん気に構えていられたのも、「人は人、自分は自分」と他人の考えに流されずにこられたのも、細かいことにこだわらない大ざっぱな性格だからこそ。そうでなければ子どもたちが小さい頃、のびのび育てたいという自分の思いとは裏腹に、「みんなが

通わせているから」と、塾通いを強制してしまったかもしれません。

私がもし細かい性格だったら、動画に寄せられるコメントや動画上の誤字脱字が気になって、ＹｏｕＴｕｂｅを続けるどころか始めることさえできなかっただろうなぁ。そう考えると、やっぱり大ざっぱな性格さまさまです。

年を重ねるごとに体力や気力が低下して、できないことが増えていきます。そんなときでも、「どうにかなるさ！」の精神で。できない自分を責めることなく、今を楽しみながら生きていけたらいいですね。

毎日悔いなく！
だからまだまだ楽しみです

4年前の60歳のときの私と、今の私。あの頃の自分も好きだったけど、今の私はもっと好き。

多くのものを手放したことで、憧れていたすっきり暮らしが手に入り、自分の手でお金を稼ぐという夢も、ささやかながら実現できている。行動を起こした自分に対して、「がんばったね自分！」とほめてあげたい気分です。

では、未来の私はどうだろう？　お手本になるのは、身近にいる、自分より上の世代の素敵な先輩方の姿です。

普段関わりのある、少し上の世代に目を向けてみると、心も体も活動的で、生き生きと楽しそうに毎日を過ごしている方がたくさんいらっしゃいます。そのキラキラとした輝きは、やはり内面からにじみ出ているもの。興味のあることに挑戦し続ける気持ちから生まれているように見えます。

また高齢になるとガンコになったり、怒りやすくなる人も多いなか、私が憧れる先輩方は皆さん表情もやわらかくて、穏やかな方ばかり。

そんな素敵な年の取り方をするにはどうしたらいいのかと、よく考えます。

やわらかな表情は、きっと柔軟な心の表れ。私も自分と異なる意見を否定せず、受け入れられる人でありたいと思っています。脳の老化にも負けずに、感情をコントロールする術も身につけ、いつでも安定した気持ちでいられたらと。

そして、できれば私の軸になっている部分は変わらずそのままで。そんな年の重ね方が理想です。

Part7

いつもお迎えが
来てもいいよう、
毎日、前向きで
いたいから

これまでなにか悩みごとが生まれるたび、「どうすれば自分が納得できるか」を基準にして、行動してきました。納得のために心がけてきたのは、「答えが見つかるまでとことん考え、うやむやにしないこと」。

気持ちの落としどころが見つかれば、なにに対しても、だれに対しても不満は生まれず、感謝の気持ちが生まれます。そして毎日を心穏やかに過ごすことができる。これがきっと、悔いのない毎日につながっていくんじゃないかと思っています。

シミやシワもチャームポイントに見えるほど美しく輝いている先輩方を見るたびに、未来への希望がムクムクと湧いてきて、私もまだまだ！と思えてきます。

以前の私は「もう60代」と思っていたけれど、今の気持ちは「まだ60代」。自分の置かれた環境に満足し、心も体もアクティブに、どんなことにも臆せずチャレンジしていきたいと思います。

おわりに

洋服や大型家具、人間関係のしがらみ……。

さまざまなものを手放した今、代わりに得たものの大きさを感じています。

それは、ものにわずらわされないすっきりとした暮らしだったり、お互いに「一緒にいると楽しいね」と思える人づき合いだったり。どれも今の私にちょうどいいものばかりです。

60歳で始めたYouTubeチャンネルをきっかけに、私の人生は大きく変わり始めました。
そんな経験から得た「年齢に関係なく、だれでも幸せな人生を築くことができるのだ」という気づきが、同世代の方々の幸せな暮らしのヒントになればという思い。それこそが、この本のスタート地点になっています。

今日という日は、毎日の小さな選択や、ささいな行動の積み重ねです。特別なことをしなくても、ひとつひとつの事柄にきちんと向き合いさえすれば、それが喜びや幸せにつながっていく。

執筆するにあたり、あらためて感じた気づきを、こうして皆様にお届けできること、読んでくださる方がいることに、感謝の気持ちでいっぱいです。

この場を借りて、YouTubeチャンネルにコメントを寄せてくださる視聴者の方にも、お礼をお伝えできればうれしいです。

皆さんから寄せられる悩みや、動画に対する「こうして私は乗りきってきました」という経験談は、私の動画づくりの大きなモチベーションになっています。またその言葉が、考えを深めるヒントになっています。いつも本当にありがとうございます。

最後に、私の思いを深くご理解のうえ、文章をまとめてくださったライターの恩田貴子さん、素敵な写真を撮ってくださいましたカメラマンの山田耕司さん、発行にご尽力いただきました扶桑社の沢谷彩子さんに心から感謝いたします。またユーチューバーとしての私を温かく見守り、励ましてくれた家族に、心からの感謝を送ります。

ライフ

ライフ
１９６０年生まれ。元専業主婦のシニア・ユーチューバー。子育て終了後の60歳から「60代の暮らしって悪くないよ」をテーマにＹｏｕＴｕｂｅ『60歳からの幸せライフ』にて発信を始める。シンプルな生活を基軸に、ものや人間関係に執着しすぎず上手に手放す姿が人気で、最高で90万再生超えを記録。本作が初の著書となる。60代の夫との２人暮らし
YouTube 『60歳からの幸せライフ』
https://www.youtube.com/@60歳からの幸せライフ
Instagram @happy_senior1960

デザイン 葉田いづみ
ＤＴＰ ビュロー平林
校　正 小出美由規
撮　影 山田耕司（扶桑社）
編集協力 恩田貴子
編　集 沢谷彩子（扶桑社）

元専業主婦・現ユーチューバー

64歳、やめて捨てたら
手に入った、幸せな暮らし

発行日　2024年12月25日　初版第1刷発行

著　者　ライフ
発行者　秋尾弘史
発行所　株式会社 扶桑社
〒105-8070
東京都港区海岸1-2-20
汐留ビルディング
電話　03-5843-8581（編集）
03-5843-8143（メールセンター）
www.fusosha.co.jp

印刷・製本　株式会社加藤文明社

ISBN978-4-594-09901-5